WISSEN *leicht gemacht*

TEMPELRITTER

TATJANA ALISCH

Compact Verlag

Chefredaktion: Dr. Angela Sendlinger
Redaktion: Julia Przeplaska
Produktion: Wolfram Friedrich
Abbildungen: Lidman Productions, Stockholm; fotolia.de;
Gruppo Editoriale Fabbri, Mailand; dpa Picture-Alliance GmbH,
Frankfurt; Compact Verlag, München
Titelabbildungen: dpa-Picture-Alliance
im Uhrzeigersinn: Gottfried von Bouillon; Verbrennung der Tempelritter;
Innenansicht der Temple Church in London; zeitgenössischer
Tempelritter
Gestaltung: Axel Ganguin
Umschlaggestaltung: Hartmut Baier

ISBN 978-3-8174-6608-5
5466081

Besuchen Sie uns im Internet: www.compactverlag.de

Inhalt

Kirche und Staat im Mittelalter

Der Aufstieg der Templer und die Kreuzzugsbewegung bedingen sich gegenseitig: So wie die Entstehung des Templerordens ohne die historische Basis der Kreuzzüge nicht möglich gewesen wäre, so ist auch das Phänomen der Kreuzzüge, der wohl gewaltigsten religiösen Bewegung des Mittelalters, nicht denkbar ohne die epochalen Veränderungen im Selbstverständnis der Kirche, die bereits etwa zwei Jahrhunderte vorher eingesetzt hatten, das Verhältnis von Kirche und Staat neu definierten und letztendlich alle Bevölkerungsschichten erfassten.

Karl der Große zwischen den Päpsten Gelasius I. und Gregor I.

Kaisertum und Reichskirche

Die Zeit um die Jahrtausendwende war eine Zeit des Umbruchs. Obgleich die Zweigewaltentheorie durch die von Papst Gelasius I. († 496) formulierte Zweischwerterlehre bereits seit dem 5. Jahrhundert bestand, hatte es über Jahrhunderte hinweg keine wirkliche Trennung von kirchlicher (auctoritas pontificalis) und königlicher Macht (potestas regalis) gegeben. Die kirchlichen Würdenträger wurden nicht von Vertretern der Kirche, sondern von weltlichen Herrschern in ihre Ämter eingesetzt. Selbst der Papst als Stellvertreter Christi auf Erden wurde vom Kaiser ausgewählt. Das Oberhaupt der Christenheit war der „Kaiser von Gottes Gnaden".

So legte auch Karl der Große (747–814), der bereits seit 768 König des Frankenreiches war, bei seiner Kaiserkrönung im Jahr 800 höchsten Wert auf Salbung und Krönung durch den Papst, um auf diese Weise die Legitimierung seines Amtes durch Gott vor aller

Welt zu demonstrieren, obwohl er zu diesem Zeitpunkt durchaus schon von Papst und Öffentlichkeit als oberster Schutzherr anerkannt wurde.

Krönung Karls des Großen auf einem Fresko von Raffael im Apostolischen Palast

Dies ist unter anderem darauf zurückzuführen, dass Papst Leo III. (um 750–816) Karl unmittelbar nach seinem Amtsantritt 795 den Schlüssel für das Grab Petri sowie das Banner der Stadt Rom übersandt und ihn damit als „Patricius Romanorum“, also als Schutzherrn der Römer, anerkannt hatte. Als Kaiser des neu gegründeten Heiligen Römischen Reiches Deutscher Nation und als „Patronus et advocatus“ der Kirche erhielt Karl im Jahr 800 darüber hinaus vom Patriarchen von Jerusalem die Schlüssel des Heiligen Grabes als symbolische Anerkennung seiner Schutzherrschaft über die Christenheit.

Trotz Karls Einflussnahmen auf zahlreiche Belange der Kirche stellte sich unter Papst Leo III. allmählich eine stärkere Trennung von weltlicher und geistlicher Macht ein.

! Die Pippinische Schenkung

Eine wichtige Voraussetzung für die Unabhängigkeitsbestrebungen des Heiligen Stuhls war die Pippinische Schenkung. Auf einen Hilferuf von Papst Stephan II. († 757) hin war Pippin III. (ca. 715–768), der Vater Karls des Großen, 754 nach einem Beschluss des fränkischen Reichstags zu einem Feldzug gegen die Langobarden aufgebrochen, die von ihrer Hauptstadt Pavia aus Roms Handelsstraßen kontrollierten und die Stadt auszuhungern versuchten. Nach dem Sieg der Franken 756 begnadigte Pippin zwar die Langobarden und schloss mit ihnen Frieden, sie mussten jedoch ein Drittel ihres Staatsschatzes ausliefern und Ravenna und weitere Städte an den Papst abtreten. Pippin stellte aufgrund des Erobererrechtes eine Schenkungsurkunde über diese Besitzungen des ehemals byzantinischen Italiens an den Papst aus, durch die der Kirchenstaat auf eine feste Grundlage gestellt wurde.

In Nikolaus I. (um 820–867) erblickte das Papsttum dann noch einmal für einige Jahre einen Kämpfer für die Unabhängigkeit des Heiligen Stuhls, dessen Bemühungen sich in seinem Beinamen „Pontifex Imperator“ (Papstkaiser) widerspiegeln, bevor das Amt des Papstes bis zur Mitte des 11. Jahrhunderts zum Spielball des römischen Stadtadels wurde und durch Korruption, Mord und Unzucht schwerste Imageverluste hinnehmen musste.
Erst den deutschen Kaisern von Otto I. dem Großen (912–973) bis Heinrich III. (1017–56) gelang es, gemeinsam mit den erwachenden reformatorischen Kräften von Cluny und durch verstärkte Einflussnahme bei der Ämtervergabe,

Kaiser Heinrich III.

dem Amt des Papstes wieder zu seinem ursprünglichen Ansehen zu verhelfen.

Simonie und Zölibat

Doch nicht nur die Päpste waren es, die dem allgemeinen Ansehen der Kirche schadeten. Auch viele der übrigen Würdenträger, vom Bischof bis zum Abt, gaben dem Volk immer wieder Anlass, an der Glaubwürdigkeit der Kirche zu zweifeln.
Die beiden größten Probleme der Kirche waren die Simonie und das Zölibat. Während der Bruch des Zölibats auch in den kleineren Gemeinden eine Rolle spielte, war der Ursprung für die Korruption innerhalb der Kirche der Verkauf von Kirchenämtern und Pfründen. Oftmals wurden die Ämter nicht nach der religiösen Befähigung des zukünftigen Amtsinhabers vergeben, sondern nur nach dem, was der Bewerber dem jeweiligen Feudalherren für diesen Posten bezahlen konnte. Das Problem der Simonie war allerdings nicht neu. Bereits auf dem Konzil von Chalkedon im Jahr 451, auf dem viele der bis heute für die katholische und die griechisch-orthodoxe Kirche grundlegende Dogmen beschlossen wurden, war die Vergabe von kirchlichen Ämtern gegen Bezahlung ausdrücklich verboten worden.

Martin Luther

Papst Nikolaus II. (um 990–1061) erklärte 1059/60 auf einer Synode sämtliche durch Simonie erlangte Kirchenämter für ungültig und gab den Befehl, die betreffenden Amtsinhaber aus ihren Ämtern zu entfernen. Doch auch dieser päpstliche Erlass zeigte auf Dauer wenig Wirkung. Letztlich wurde der Ämterkauf einer der Auslöser für die Reformation durch Martin Luther.
Als einer der Hauptgründe für die Verbreitung der Simonie wurde im ausgehenden ersten Jahrtausend die Laieninvestitur angesehen, die Ernennung kirchlicher Würdenträger durch die Feudalherren. Die Laieninvestitur wurde deshalb auch zu einem der wichtigsten Streitpunkte im Zuge der kirchlichen Reformbestrebungen.

Die kirchlichen Reformbewegungen

Im 9. Jahrhundert war es durch Säkularisierung, Verkauf von Kirchengut durch kirchliche Würdenträger und durch zunehmende Bedrohung von außen (Normannen, Sarazenen und Ungarn) auch zu einem materiellen und kulturellen Niedergang der Kirche gekommen. Gegen Ende des ersten Jahrtausends mehrten sich deshalb auch innerhalb der Kirche Stimmen, die umfassende Reformen und eine Rückbesinnung auf die wahren Werte der Kirche forderten.

Cluny

Außenansicht der Benediktinerabtei von Cluny

Zum Zentrum dieser Reformbewegungen wurde das Kloster Cluny, das von dem aquitanischen Fürsten Wilhelm dem Frommen († 918) 910 in der Bourgogne als Benediktinerabtei gegründet wurde und aus dem zu Beginn des 11. Jahrhunderts auch Bernhard von Clairvaux (um 1090–1153), einer der bedeutendsten Förderer des Templerordens, hervorgehen sollte.

Bereits von Anfang an wirkten hier bedeutende Persönlichkeiten wie der heilige Odo (um 880–942) als Äbte, deren Einfluss sich sehr bald auch außerhalb Clunys zunächst in Südfrankreich, später aber auch bis nach Spanien, Italien, Lothringen, Deutschland und England bemerkbar machte. Zahlreiche Klöster in ganz Europa schlossen sich der Abtei an und unterstellten sich unter der Leitung eines eigenen Priors ganz dem Abt von Cluny.
Das Ansehen der Mönche von Cluny fußte vor allem auf einer überaus strengen Handhabung der von Benedikt von Nursia (um 480–547) aufgestellten Benediktinerregel, die u. a. den siebenmaligen Gottesdienst pro Tag und die drei Grundprinzipien des Ordens – Armut, Keuschheit und Gehorsam – festlegt. Ziel der kluniazensischen Reform war vor allem die Erneuerung der Stellung der Klöster innerhalb von Kirche und Gesellschaft sowie die Bestrebung, sich aus dem Diözesanverband zu lösen und direkt dem Papst zu unterstellen.
Die Erneuerungsbewegung der Kluniazenser erstreckte sich aber nicht nur auf die Welt des klösterlichen Lebens, sie war auch bestrebt, den Alltag der Laien, den des Volkes ebenso wie den der Adligen und Ritter, mit christlichen Vorstellungen zu durchdringen. Die Kluniazenser unterstützten die Gottesfriedensbewegung, die Treuga Dei, die die Fehden und Übergriffe zwischen den Christen zu verringern suchte, ebenso wie ab dem Ende des 11. Jahrhunderts die Kreuzzugsbewegung und die Reconquista. Sie waren es auch, die bereits im frühen 11. Jahrhundert umfangreiche Pilgerfahrten in das Heilige Land organisierten und auf diese Weise schon zu einem frühen Zeitpunkt die breite Masse für die – damals noch unbewaffneten – Wallfahrten nach Jerusalem mobilisierten.

Leo IX.

In diesem veränderten spirituellen Klima kamen auch die Päpste wieder zu Ansehen und Einfluss. Auf dem Wormser Reichstag 1048 verhalf der deutsche Kaiser Heinrich III., der stets die kluniazensischen Reformen unterstützt hatte, Leo IX. (1002–54) zum Amt des

Papst Leo IX.

Papstes, nachdem er zuvor auf der Synode von Sutri 1046 die beiden sich bekämpfenden Päpste Silvester III. († 1063) und Benedikt IX. (um 1014–55) hatte absetzen lassen. Doch Leo IX. machte die

Annahme dieser Würde von einer Bestätigung durch eine kanonische Wahl in Rom durch Volk und Klerus abhängig, die im Februar 1049 erfolgte. Dennoch wandte er sich bei seinen Reformbestrebungen keineswegs gegen die Rechte der Laien in der Kirche, sondern arbeitete während seiner Amtszeit eng mit dem Kaiser zusammen. Seine vorrangigen Ziele waren die Bekämpfung von Simonie und Priesterehe. Auf diese Weise gelang es Leo IX., die Autorität des Heiligen Stuhles wiederherzustellen und mithilfe seines neu formierten Kardinalskollegiums den Grundstein für den Aufstieg des Papsttums zu legen. Leo IX. stand zudem in einer Reihe mit mehreren ausländischen, zumeist deutschen Päpsten, wodurch auch der Einfluss des römischen Stadtadels zurückgedrängt werden konnte.

Aufgrund des Schismas, der Spaltung zwischen der römisch-katholischen und der östlich-orthodoxen Kirche im Jahr 1054, kam es in der Folgezeit mit der Wahl Benedikts X., dem Simonie durch den römischen Adel vorgeworfen wurde, zur Aufstellung eines Gegenpapstes zu Papst Nikolaus II. Letzterer erließ deshalb am 13. April 1059 das sogenannte Papstwahldekret *In nomine Domini.* Hierin wurde für die Zukunft die ausschließliche Wahl des Papstes durch das Kardinalskollegium erlassen und die Beteiligung an der Papstwahl durch weltliche Mächte ausdrücklich verboten. Allerdings wurde dem Kaiser noch ein Zustimmungsrecht zugestanden.

Unter dem Pontifikat Alexanders II. (um 1010–73) wuchs dann auch der politische Einfluss der Kirche. Doch gleichzeitig förderte dies auch die Spannungen mit dem deutschen Kaiserhaus und besonders mit dem jungen Heinrich IV. (1050–1106).

Gregorianische Reformen

Am 22. April 1073 übernahm einer der bedeutendsten Kirchenmänner der Geschichte das Amt des Papstes: Gregor VII. In das allgemeine Bewusstsein eingegangen ist er als der Papst, der den deutschen Kaiser Heinrich IV. im Inves-

Papst Gregor VII.

titurstreit zum Bußgang nach Canossa zwang. Seine wahre Bedeutung erlangte er aber als Schöpfer der gregorianischen Reformen, die den Hintergrund für den Investiturstreit bildeten, und als Mitbegründer der Kreuzzugsideologie.

Gregor VII. wurde um 1020 unter dem Namen Hildebrand aus dem Hause der Aldobrandeschi in der Toskana geboren. Der ehemalige Benediktinermönch, der auch ein Verfechter der kluniazensischen Reformgedanken war, stieg bereits in frühsten Jahren in den engsten Beraterkreis seiner Vorgänger im Papstamt auf. 1046 begleitete er den abgesetzten Papst Gregor VI. († um 1047) in dessen Exil nach Köln, und bei der Einsetzung Leos IX. durch Heinrich III. riet er diesem dazu, sein Amt zusätzlich durch das römische Volk und seinen Klerus bestätigen zu lassen.

Bereits nach Leos Tod stand Hildebrand als dessen Nachfolger zur Debatte, doch erst im April 1073 erreichte er päpstliche Würden. Bei der Beisetzung Alexanders II. verlangte das römische Volk Hildebrand als Nachfolger, und er nahm unter Missachtung des Papstwahldekretes das Votum dieser Inspirationswahl an. Schon wenige Monate nach Beginn seiner Amtszeit rief er Fürsten und Ritter dazu auf, sich der Reconquista der Iberischen Halbinsel anzuschließen, und im folgenden Jahr plante er gar den Ersten Kreuzzug in den Osten. Das Ziel dieses Kreuzzugs war zunächst Hilfe für das von den Seldschuken bedrohte Byzanz, bald jedoch hieß es: Schutz für Jerusalem und das Heilige Grab.

Aus Gregors Kreuzzugsplänen wurde jedoch nichts und so wandte er sich wieder ganz den kirchlichen Reformen zu. Im März 1075 veröffentlichte er den *Dictatus Papae*, in dem er in 27 Leitsätzen seine Gedanken zur Stellung der Kirche und zum päpstlichen Leitungsanspruch formulierte. Einer der Kerngedanken ist bereits im ersten Satz des Dokumentes zu finden: „Einzig und allein von Gott ist die römische Kirche gegründet." Gregor forderte damit die Ausnahmestellung der römischen Kirche (ecclesia romana) innerhalb der Gesamtkirche (ecclesia universalis) ein und leitete zugleich eine universale Leitungsbefugnis des Papstes innerhalb der Kirche sowie Vorrechte als Leiter der Priesterschaft (sacerdotium) gegenüber Reich (regnum) und Kaiserreich (imperium) ab. Des Weiteren postulierte er die Unabsetzbarkeit des Papstes, die Heiligkeit seines Amtes und seine gesamtkirchliche Jurisdiktionsvollmacht. Für besonderen Zündstoff sorgten allerdings die Leitsätze 8, 9, 12 und 27, in denen Gregor nicht nur sein ekklesiologisches Konzept der Autonomie des Priestertums gegenüber dem regnum erläutert, sondern sogar eine Unterordnung der weltlichen unter die geistliche Macht vorsieht: Die Verfügungsgewalt über die kaiserlichen Insignien liege ebenso in der Hand des Papstes wie die Befähigung zur Absetzung des Kaisers oder die Lösung des Lehenseides gegenüber schlechten Herrschern.

Der *Dictatus Papae* stieß vor allem bei Heinrich IV., dem deutschen Kaiser, der bereits zu Papst Alexander II. ein gespanntes Verhältnis gehabt hatte, auf heftige Ablehnung. Aber auch die Bischöfe der Reichskirche sprachen von Verfassungsbruch gegenüber Königskirche und Eigenkirchenwesen. Die Auseinandersetzungen um den *Dictatus Papae* mündeten dann 1076 in den Investiturstreit zwischen Gregor VII. und Heinrich IV., einer bisher nie da gewesenen Kraftprobe zwischen sacerdotium und regnum, die die bisherige grundsätzliche und „geheiligte" Ordnung der mittelalterlichen Gesellschaft bis in ihre Grundfesten erschütterte.

Libertas ecclesiae und Investiturstreit

Mit seinem *Dictatus Papae* stellte Gregor VII. die gesamte Ordnung der damaligen abendländischen Gesellschaft in Frage, da er den Kaiser als Oberhaupt der christlichen Welt abzulösen beabsichtigte. Er tat dies unter dem Motto der „Libertas ecclesiae", der Befreiung der Kirche von der Unterdrückung durch die weltliche Macht. Die Bestrebungen zur Durchsetzung dieser Ansprüche führte im Bewusstsein der breiten Öffentlichkeit zu einer Revolutionierung der bis zu diesem Zeitpunkt allgemeingültigen Hierarchie der Werte.

? Schon gewusst?

Die Investitur, wörtlich „Einkleidung", bezeichnet von alters her die offizielle Einsetzung in ein kirchliches Amt. Die Bischöfe und Äbte wurden mit ihrer Einsetzung in das kirchliche Amt auch mit Reichslehen ausgestattet, wodurch sie gleichzeitig auch weltliche Fürsten wurden. Als geistliche Würdenträger trugen sie bereits ihre spezielle Kleidung, sodass sie nicht mehr im Wortsinn „eingekleidet" werden mussten. Als Symbol ihres neuen Amtes erhielten sie deshalb bei ihrer Investitur Stab und Ring, die bis heute äußeres Kennzeichen des Bischofsamtes sind. Seit dem Wormser Konkordat, mit dem 1122 der Investiturstreit beigelegt wurde, überreichte der König nur noch den Stab als Zeichen für die Temporalien, die rein weltlichen Rechte.

Eines der sichtbaren Zeichen für die Hierarchie der kirchlichen und der weltlichen Macht war die Investitur. Jahrhundertelang war die Einsetzung der kirchlichen Würdenträger bis hin zum Papst durch die Feudalherren eine allgemein übliche Vorgehensweise gewesen, doch im *Dictatus Papae* wurde sie nicht nur abgelehnt, sondern durch den Anspruch des Papstes auf die Verwaltung der kaiserlichen Insignien sogar in ihr Gegenteil verkehrt. So entflammte der Kampf um das Verhältnis von Kirche und Reich an der Frage der Investitur.

Heinrich IV.

Gregors Gegenspieler in dieser Auseinandersetzung, der deutsche König Heinrich IV., startete aus einer bereits angeschlagenen Position in das Kräftemessen. Bereits im Alter von vier Jahren war er – zwei Jahre vor dem Tod seines kaiserlichen Vaters Heinrich III. – im Jahr 1054 zum König gekrönt worden. Nach dem frühen Tod Heinrichs III. wurden die Regierungsgeschäfte für den noch unmündigen König von seiner Mutter Agnes von Poitou (um 1025–77) und zwei Erzbischöfen geführt, die einen erheblichen Teil des Reichsgutes und der Königsmacht vergeudeten. Als Heinrich dann versuchte, die verlorene Macht wieder zurückzugewinnen, stieß er vor allem in Sachsen auf den erbitterten Widerstand des Adels, der nicht bereit war, die neu gewonnene Eigenherrschaft wieder aufzugeben.

Heinrich IV.

Diese Opposition des Adels nutzte der Papst, um Heinrich in der Investiturfrage unter Druck zu setzen, während der Reichsklerus in diesem Streit treu auf der Seite des Königs stand. Unmittelbarer Auslöser des Investiturstreits war die Ernennung mehrerer Bischöfe in der Reichskirche durch Heinrich IV., der im Gegensatz zu seinem Vater seine machtpolitischen Belange nicht mit religiösen Rücksichten verband. Der Papst verweigerte daraufhin die Anerkennung der Bischöfe und drohte dem König mit der Exkommunikation. Im Gegenzug ließ Heinrich im Januar 1076 auf einer Synode in Worms die Berufung Gregors durch das Volk für ungültig erklären. Die Exkommunikation Heinrichs am 22. Februar 1076 war die Folge, ebenso entband der Papst alle Untertanen Heinrichs von ihrem Treueid.

“Extra ecclesiam nulla salus”, „außerhalb der Kirche gibt es kein Heil“, war damals die Haltung der abendländischen Welt, die Heinrich IV. zu einem Einlenken zwang, denn die Opposition der Fürsten in seinem Land konnte sich nun auf die Legalität ihres Handelns berufen. Tatsächlich verweigerten nach der Erteilung des Kirchenbanns auch viele seiner bisherigen Gefolgsleute Heinrich den Gehorsam und verlangten von ihm die Lösung des Bannes binnen Jahresfrist. So entschloss er sich zur Kirchenbuße, die in den Augen seiner Zeitgenossen keineswegs eine Demütigung darstellte, sondern einen legitimen Weg, die Rechtmäßigkeit seines Herrschaftsanspruchs wiederherzustellen.

Der Gang nach Canossa

Gregor VII. hatte sich jedoch auf die Burg Canossa in Oberitalien zurückgezogen, deren Zugänge über die deutschen Gebirgspässe Heinrichs Gegner blockiert hatten. Dennoch gelang es dem König, noch vor Ablauf der gesetzten Frist zum Papst vorzudringen und so seine Absetzung zu verhindern. Als Büßer siegte Heinrich damit über die Pläne Gregors, den Adel von ihm zu entfremden, denn der Papst musste Ende Januar 1077 in Canossa die Buße Heinrichs annehmen, ihm die Absolution erteilen und seine Exkommunikation zurücknehmen.

Heinrich IV. als Bittsteller

Der Streit um die Investitur, Freiheit der Kirche und um das Machtverhältnis zwischen geistlicher und weltlicher Führung war damit aber noch lange nicht beigelegt. Erneuter Kirchenbann, die Absetzung Gregors durch Heinrich, dessen Krönung zum Kaiser durch den Gegenpapst Clemens III. (um 1020–1100) und die Berufung mehrere Gegenkönige durch die deutsche Adelsopposition spalteten die Gesellschaft. Um die Kräfte der erst seit wenigen Jahren für geistlich-religiöse Belange sensibilisierten Öffentlichkeit nicht durch innere Konflikte aufzureiben, musste ein neues Ziel gefunden werden, auf das sich die abendländische Christenheit gemeinsam konzentrieren konnte.

Die Zeit der Kreuzzüge

In der zweiten Hälfte des 11. Jahrhunderts begannen sich die Verhältnisse sowohl im Heiligen Land als auch im Orient allgemein zuungunsten der Christen zu verändern. Bereits nach dem Sieg der Seldschuken bei Mantzikert (heute Malazgirt) im Jahr 1071 fühlte sich Byzanz zunehmend bedroht und hatte schon 1075 den Westen um Unterstützung gebeten. Die Reise zu den heiligen Stätten des Christentums wurde immer gefährlicher, mehrfach wurde den Pilgern sogar der Zutritt zu ihnen verweigert. So bildete die Bedrohung des Christentums durch Andersgläubige einen willkommenen Anlass, die weltlichen Kräfte der Christenheit auf ein neues Ziel zu fokussieren.
Kreuzzüge und Ketzerbekämpfung wurden zu neuen Aufgaben des Papsttums, das damit seinen Führungsanspruch in der christlichen Welt weiter unterstreichen konnte, ohne dabei die Gefahr einer Spaltung der Christenheit heraufzubeschwören.
Die Kreuzzugsbewegung wurde dabei zu einer der größten Massenbewegungen des Mittelalters, mit deren Ausmaßen wohl kaum jemand gerechnet hatte. Trotz der Grausamkeit, mit der die Kreuzzüge größtenteils durchgeführt wurden, ist die Kreuzzugsbewegung unzweifelhaft einer religiösen Grundhaltung der Bevölkerung des christlichen Abendlandes entsprungen. Wie kaum ein anderer Gedanke vermochte sie über lange Zeit und durch alle Bevölkerungsschichten die Massen zu mobilisieren und sie zu ungeheuren Opfern materieller wie persönlicher Art zu motivieren.

Deus lo vult! Aufbruch zum Ersten Kreuzzug im Jahr 1096

Islam und Christentum

Durch die Kreuzzüge trafen in Palästina zwei Kulturen in direkter Konfrontation aufeinander, die bis zum 11. Jahrhundert zwar teilweise in unmittelbarer Nachbarschaft gelebt oder durch Handelsbeziehungen miteinander in Verbindung gestanden hatten, die sich aber letztendlich nur sehr wenig mit der jeweils anderen Kultur beschäftigt hatten. Wissen um Kultur und Glauben der anderen war kaum vorhanden. So galten die Muslime in den Augen der Christen als Häretiker und Götzenanbeter, während die Christen in den von Muslimen eroberten Gebieten, zwar ihren Glauben ausüben durften, dafür aber als Menschen zweiter Klasse behandelt wurden.

Die christliche Welt des 11. Jahrhunderts unterteilte sich in zwei Sektoren, die sich sowohl auf kultureller als auch auf sprachlicher Ebene voneinander unterschieden: den griechischen Osten mit Konstantinopel (bzw. Byzanz) als kirchlichem Zentrum und den lateinischen Westen mit Rom als geistlichem Mittelpunkt.

Obgleich der Westen schon seit Langem keine politische Einheit mehr bildete, sondern insbesondere seit der Auflösung des Karolingerreiches in zahlreiche größere und kleinere Königreiche unterteilt war, wurden die Christen aus dem lateinischen Raum dennoch von Konstantinopel und vor allem von den Muslimen als Einheit betrachtet, die unter der Bezeichnung „Franken“ zusammengefasst wurde. Die europäischen Christen ihrerseits bezeichneten alle Muslime als Sarazenen – ein Terminus, in dem eine Note von Skepsis und Ablehnung mitschwingt.

Das Byzantinische Reich befand sich zwischen dem 9. und dem 11. Jahrhundert auf dem Höhepunkt seiner Macht und kulturellen Blüte. Sein Einzugsbereich reichte von der Adria bis in den Vorderen Orient und nach Russland. Seine Prachtentfaltung und seine künstlerischen und literarischen Werke überstrahlten die des Abendlandes um ein Vielfaches. In der zweiten Hälfte des 11. Jahrhunderts begann der Einfluss Konstantinopels jedoch aufgrund von inneren Missständen auf der einen und Angriffen von außen auf der anderen Seite zu bröckeln.

Die meisten Menschen hatten davon jedoch nur unzureichende Vorstellungen. Für ihr Zusammengehörigkeitsgefühl waren weniger nationale Aspekte ausschlaggebend als die Zugehörigkeit zu den großen Religionen des Christentums, des Islam und des Judentums. Darüber hinaus fühlte man sich einer Familie, einem Pfarrsprengel oder einem lokalen Feu-

dalherren zugehörig, ohne dabei eine genauere Vorstellung von übergeordneten Größen wie dem Abendland oder Europa zu besitzen – oder gar über deren geografische Verhältnisse und Dimensionen.
Zur gleichen Zeit erstreckte sich das islamische Herrschaftsgebiet von Gibraltar im Westen über Nordafrika und den Vorderen Orient bis nach Indien im Osten.

Darstellung des Propheten Mohammed in der Apokalypse des Mohammed

Bereits kurz nach seiner Gründung durch Mohammed (um 571–632) im 7. Jahrhundert hatte der Islam seinen Siegeszug angetreten. Mohammeds Nachfolger, die Kalifen, waren zugleich geistliche Führer und weltliche Herrscher in der islamischen Welt. Die Ausbreitung des Islam bis hin zur Errichtung des ersten Weltreichs unter den Omaijaden zwischen 661 und 750 erfolgte in mehreren großen Feldzügen: Als Erstes eroberten sie Palästina (635–638) mit Jerusalem, dann folgten Ägypten (640–642), der Nordwesten Afrikas und ab 711 Spanien, bis sie im 9. Jahrhundert sogar Sizilien ihr Eigen nannten. Entscheidend für die rasche Machtentfaltung war die kulturelle Einheit innerhalb des islamischen Einflussgebietes, die in bedeutenden Leistungen aus den Bereichen Wissenschaft, Medizin und Dichtkunst ebenso zum Ausdruck kam wie in einer gemeinsamen Familien- und Lebensordnung.
Im 11. Jahrhundert, als die islamischen Länder des Vorderen Orients durch innere und äußere Krisen zu zerbrechen drohten, waren es die Seldschuken, ein turkmenisches Steppenvolk aus dem Gebiet des Aralsees, das sich die Situation zunutze machte und die Herrschaft in Palästina und den angrenzenden Gebieten an sich brachte. Als Folge eines Gesetzes, das es den Muslimen verbot, gegeneinander zu kämpfen, waren die muslimischen Herrscher der damaligen Zeit gezwungen, bei Auseinandersetzungen Heere von den benachbarten Steppenvölkern anzuwerben, die sich in der Folgezeit jedoch des Öfteren gegen ihre ursprünglichen Auftraggeber wandten – und so war es auch diesmal: Unter ihrem Anführer Alp Arslan (1029–72) errichteten die Seldschuken von 1063 an ein großseldschukisches Reich, das von Kleinasien über Syrien und Persien bis nach Mesopotamien

reichte. Die Ostgrenze des Byzantinischen Reiches geriet immer mehr unter Druck. 1071 trafen dann schließlich die Armeen des byzantinischen Kaisers Romanos IV. († 1072) und des seldschukischen Sultans bei Mantzikert am Euphrat aufeinander. Die Schlacht wurde zur Katastrophe für Romanos IV.

Alp Arslan unterwirft Romanos IV.

Sein zahlenmäßig weit überlegenes Heer bestand zu großen Teilen aus Söldnern, die entweder flohen oder zum Gegner überliefen. Aus Furcht vor einem Angriff auf Byzanz wandte sich der byzantinische Kaiser mehrere Male Hilfe suchend an Papst Gregor VII., der hierauf die ersten Kreuzzugsgedanken hegte, diese aber wieder verwerfen musste.

In den Folgejahren verschlechterte sich unter der Herrschaft der Seldschuken das Verhältnis zwischen Christen und Muslimen zunehmend. Die neuen Herrscher unterdrückten die griechisch-orthodoxen Einwohner ihrer Herrschaftsgebiete, die noch bis vor Kurzem in friedlichem Miteinander mit den ansässigen Muslimen gelebt hatten, und erschwerten zugleich die Pilgerfahrten nach Jerusalem. Der Weg für eine militärische Intervention durch christliche Mächte war damit geebnet.

Das Konzil von Clermont

Im Spätsommer des Jahres 1095 berief Papst Urban II. in Clermont, einer alten Bischofsstadt im französischen Zentralmassiv, eine Kirchenversammlung ein. Auf der Tagesordnung des Konzils, das vom 18. bis 28. November desselben Jahres stattfinden sollte, standen vor allem die Kirchenreformen, an deren Ausgestaltung seit Gregor VII. immer wieder gearbeitet wurde. Auf seiner Reise nach Clermont ließ Urban II. überall verkünden, dass er am letzten Tag der Versammlung der Christenheit eine wichtige Nachricht verkünden werde.

Am 27. November 1095 war es dann so weit: Der Papst hatte, damit nicht nur die kirchlichen Teilnehmer des Konzils, sondern auch Adel und Volk ihn hören konnten, die Versammlung diesmal auf ein Feld vor die Tore der

Papst Urban II.

Urban II. wurde als Odo von Chatillon um 1035 in der Nähe von Reims geboren. 1088 wurde er zum Papst gewählt, nachdem er sich als Mönch in Cluny mit der kluniazensischen Reform vertraut gemacht und als Legat von Papst Gregor VII. großen Anteil an der Durchsetzung der Machtansprüche der Kirche gegenüber dem Kaisertum gehabt hatte. Seit 1089 stand er in ständigem Kontakt mit Kaiser Alexios I. (1048–1118) und dem Patriarchen von Konstantinopel, mit dem er zeitweise eine Wiedervereinigung der griechischen und der römischen Kirche anstrebte. Nach mehreren Hilferufen aus Byzanz rief Urban das westliche Christentum 1095 zum Ersten Kreuzzug und zur Befreiung des Heiligen Grabes aus den Händen der Ungläubigen auf, zu einem Unternehmen, das zwar erfolgreich endete, dessen Ausgang er jedoch durch seinen Tod am 29. Juli 1099 nicht mehr erfuhr.

Stadt verlegen lassen. Bereits in der Nacht zuvor kamen die ersten Zuhörer. Bis zum Beginn der Versammlung wurden es mehr als 3000.

In Gegenwart von 13 Erzbischöfen, 315 Bischöfen, von Rittern, Adligen und dem einfachen Volk bestieg der Papst das eigens für diesen Anlass errichtete Podest. In einer flammenden Rede berichtete er über die abstoßenden Gräueltaten der Seldschuken gegen die byzantinischen Christen und rief die gesamte Christenheit zur Befreiung des Heiligen Landes aus der Hand der Ungläubigen auf. Allen, die bereit waren, sich auf den Weg zu machen, versprach Urban reichen Lohn und vor allem die vollständige Vergebung ihrer Sünden: „Ich richte mich an die Anwesenden, ich verkündige es jenen, die abwesend sind; überdies befiehlt es Christus. All jenen, die dorthin gehen, ob sie auf dem Landweg marschieren oder übers Meer fahren oder im Kampf gegen die Heiden das Ende dieses Lebens in Gefangenschaft finden, werden ihre Sünden vergeben. Dies gewähre ich all denen, die gehn, kraft der Vollmacht, mit der Gott mich ausgestattet hat."

Die Rede, die Urban II. hielt, war eine rhetorische Meisterleistung, die die Masse der Zuhörer elektrisierte und eine Bewegung auslöste, die die Welt verändern sollte.

Die Rede Papst Urbans II.

Papst Urban II. spricht vor dem Konzil von Clermont

Die Rede Papst Urbans II. wurde in fünf verschiedenen Versionen überliefert. Drei der Chronisten, Wilhelm von Tyrus (ca. 1130–86), Guibert von Nogent (1053–1124) und Balderich von Dol (um 1050–1130), waren allerdings auf dem Konzil von Clermont gar nicht anwesend. Die Überlieferung von Robert dem Mönch (Robertus Monachus, um 1055–1122), der nach eigener Aussage das Konzil miterlebte, aber nicht am Kreuzzug teilnahm, krankt an der offensichtlich mangelnden Schreibpraxis des Urhebers. Die Hauptquelle für die Ereignisse auf dem Konzil von Clermont ist die *Historia Hierosolymitana* von Fulcher von Chartres (1059–1127), dabei handelt es sich nicht nur um eine Chronik des Konzils, sondern des gesamten Ersten Kreuzzugs. Im Gefolge des Grafen Stephan von Blois-Chartres (1045–1102) zog Fulcher in das Heilige Land, wo er in Jerusalem zunächst als Kaplan, ab 1115 als Kanoniker der Grabeskirche wirkte.

Die Wirkung seiner Rede war überwältigend. „Deus lo vult“, “Gott will es”, dies war der Schlachtruf, mit dem nicht nur Ritter und Adlige aus Frankreich und Italien, sondern auch das einfache Volk aufbrach, das Heilige Grab zu befreien. Urban II. hatte eine Massenbewegung ausgelöst, mit der nicht einmal er selbst gerechnet hatte, wie aus einigen seiner Briefe hervorgeht. Sein Ziel war eher die Mobilisierung des kampferprobten französischen und normannischen Adels, der sich in gegenseitigen Streitereien selbst aufrieb und dessen überschüssige Energien er in die von ihm gewünschte Richtung lenken wollte. Den Erfolg seiner Mission hat Urban II. nicht mehr miterlebt. Er starb am 29. Juli 1099, wenige Tage, bevor die Nachricht von der Eroberung Jerusalems nach Rom gelangte.

Einer der enthusiastischsten Zuhörer war Adhemar von Monteil († 1098), der Bischof von Le Puy-en-Velay. Er war laut Zeitzeugen einer der Ersten, die den Papst mit einem Kniefall baten, in das Heilige Land ziehen zu dürfen. Ihn ernannte Urban II. zum geistlichen Führer des Kreuzzugs.

Kreuzritter in voller Montur

Als äußeres Zeichen für ihre Reise in das Heilige Land hefteten die Kreuzfahrer ein Kreuz auf ihr Obergewand, sie „nahmen das Kreuz“, analog Kapitel 16, 24 aus dem Matthäusevangelium: „Da sprach Jesus zu seinen Jüngern: Will mir jemand nachfolgen, der verleugne sich selbst und nehme sein Kreuz auf sich und folge mir.“ Jeder, der ins Heilige Land aufbrach, musste schwören, bis zur Befreiung Jerusalems der heiligen Sache treu zu bleiben und sich dieser Aufgabe als würdig zu erweisen.

Der Aufruf zur Befreiung des Heiligen Landes war keineswegs eine spontane Entscheidung. Bereits im März 1095 hatte Urban auf einem Konzil in Piacenza seine Ideen über eine gemeinsame Intervention beider christlicher Kirchen mit Unterstützung durch die weltlichen Herrscher angedeutet, nachdem er vom byzantini-

? Schon gewusst?

Pilgerfahrten ins Heilige Land, an den Ort des Wirkens und Leidens Christi, gab es bereits seit der Spätantike. Im Mittelalter wurde die „Peregrinatio“ zu den heiligen Stätten zum Höhepunkt eines religiös bestimmten Lebens. Die Pilger, die aus ganz Europa kamen, scheuten dabei weder Kosten noch Mühen, um ihr Ziel zu erreichen. Seit wann Pilgerfahrten als kanonische Buße auferlegt wurden, ist nicht belegt, seit dem 10. Jahrhundert verbreitete sich jedoch die Überzeugung, durch den Besuch der heiligen Stätten auch die Vergebung der eigenen Sünden erlangen zu können.

Berühmt wurde der „Große Zug von 1064“, eine Pilgerfahrt des Bischofs Gunther von Bamberg († 1065), der mit weiteren hohen Würdenträgern des Reiches und angeblich 7000 anderen Pilgern in das Heilige Land zog und dabei zahlreiche Beschwerden zu ertragen hatte.

Durch die ständige Bedrohung durch die Seldschuken in der zweiten Hälfte des 11. Jahrhunderts ging man dazu über, zu den Pilgerfahrten bewaffneten Schutz mitzunehmen; der erste Schritt zur bewaffneten Wallfahrt war damit getan. Ohne die jahrhundertealte Tradition der Pilgerreisen hätte der Kreuzzugsgedanke kaum ein derart überwältigendes Echo erhalten.

schen Kaiser Alexios I. um Beistand gegen die Seldschuken gebeten worden war. Aus dem Gedanken der Verteidigung von Byzanz wurde in den folgenden Monaten jedoch die Idee von der Befreiung des Heiligen Landes.
Ebenso gut vorbereitet waren die praktischen Umstände von Urbans Auftritt. Zeitgenössische Berichte sprechen davon, dass man Urbans Stimme über das gesamte Feld vernahm. Denkbar ist es, dass auf dem ganzen Platz Benediktinermönche verteilt waren, die den Zuhörern die wichtigsten Aussagen des Papstes noch einmal wiederholten – eine Vorgehensweise, die von anderen Großveranstaltungen dieser Zeit belegt ist.

Die Kreuzzüge

Der Erste Kreuzzug

Die Vorbereitungen für den Ersten Kreuzzug dauerte beinahe neun Monate. Angespornt von der Rede Papst Urbans II. machten sich Adlige und Mönche auf den Weg, um in Europa Teilnehmer für den Zug ins Heilige Land zu werben. Geld, Ausrüstung und Proviant mussten beschafft werden, um das Heer zunächst auf seinem Weg nach Konstantinopel, dem Sammelpunkt der Kreuzfahrer, zu versorgen. Gerade bei jungen Adligen, die wegen des damals praktizierten Erstgeborenenrechts in ihrer Heimat kaum Zukunftschancen hatten, traf der Kreuzzugsgedanke auf offene Ohren, denn hier sahen sie die Möglichkeit, doch noch zu Ländereien und Geld zu kommen. Aber auch viele Menschen aus dem einfachen Volk wurden von der Hoffnung auf einen Neuanfang, von der Aussicht auf die Belohnung im Jenseits, aber auch von dem Gedanken an Abenteuer und Abwechslung zur Teilnahme am Kreuzzug verlockt.
Die Teilnahme am Kreuzzug war sehr kostspielig; ein großer Teil der ärmeren Bevölkerung war gezwungen, einen Großteil ihres Besitzes für diese Unternehmung zu verkaufen oder gar ihre ganze Existenz aufzugeben. Um noch mehr Menschen die Teilnahme am Kreuzzug zu ermöglichen, übernahm die Kirche deshalb die Garantie für den Schutz der in der Heimat zurückgebliebenen Besitzungen. Provenzalen, Flamen, Lombarden, Lothringer und Normannen, sie alle folgten dem Aufruf des Papstes. Nur im Deutschen Reich, das aufgrund des noch immer nicht beigelegten Investiturstreits weiterhin ein gespanntes Verhältnis zum Papst hatte, war die Beteiligung am Ersten Kreuzzug gering.
Am 15. August 1096 brachen die Truppen unter **Gottfried von Bouillon** (um 1060–1100), dem Herzog von Niederlothringen, und seinen Brüdern Eustach III.

(um 1060–1125) und Balduin von Boulogne (1058–1118) von Frankreich aus zu dem beschwerlichen Marsch auf dem Landweg auf, und bis Weihnachten sollte es dauern, bis sie endlich den Bosporus erreichten.

Peter von Amiens begeistert die Massen für den Kreuzzugsgedanken

Mehrere Monate vor ihnen hatten sich bereits Tausende von einfachen Leuten aus Frankreich und Deutschland, darunter auch Frauen und Kinder, mitgerissen von den flammenden Predigten des Eremiten **Peter von Amiens** (um 1050–1115), aufgemacht, um das Heilige Grab zu befreien. Angeführt von Graf **Emicho von Flonheim** (nach 1050–1117, auch bekannt als Emicho der Kreuzfahrer oder Emicho von Leiningen) zogen sie mit dem Schlachtruf „Taufe oder Tod“ zunächst gegen zahlreiche Städte des Deutschen Reiches, um vor der Rettung des Heiligen Landes zuerst die Feinde Christi im eigenen Land, die Juden, zu vernichten. Weder Bischöfe noch weltliche Fürsten konnten oder wollten sich den marodierenden Horden entgegenstellen und waren froh, wenn sie vorübergezogen waren. Erst der ungarische König Koloman (um 1070–1116) konnte ihrem Wüten Einhalt gebieten. Er gestattete Emicho zwar den Durchzug durch sein Land, doch als die räuberischen Horden auch in Ungarn ihre Gräueltaten fortsetzen wollten, machte er sie mit seinem Heer nieder.

Ein anderer Teil des Volksheeres hatte dagegen, unter der Führung von Peter von Amiens und Walter Sans-Avoir († 1096), trotz einiger Schwierigkeiten Konstantinopel erreicht. Kaiser Alexios I. war entsetzt, als er den Zustand dieser „Befreiungsarmee“ sah, die kaum richtig bewaffnet war und so gar nicht der Hilfe entsprach, die er sich erhofft hatte. Als Peter von Amiens trotz aller Warnungen auf einem Weitermarsch bestand, ließ Alexios I. sie am 6. August 1096 über den Bosporus übersetzen. Nach einigen Scharmützeln mit den Seldschuken wurden sie am 21. Oktober bei Nikäa vernichtend geschlagen. Einer der wenigen, die dem Massaker entkommen konnten, war Peter von Amiens. Er schloss sich später dem Kreuzfahrerheer unter Gottfried von Bouillon an und gründete nach seiner Rückkehr nach Frankreich das Kloster Neufmoustier.

Bei Byzanz lag der Sammelpunkt des Kreuzfahrerheeres. Doch das mächtige Heer, das jetzt vor den Toren seiner Stadt lagerte, begeisterte den byzantinischen Kaiser fast noch weniger als das zerlumpte Volksheer zuvor. Aus Angst um seine Herrschaftsansprüche verlangte er von Gottfried von Bouillon den Treueid und die Zusicherung, alle eroberten Gebiete an ihn abzutreten. Doch dies lag keineswegs im Interesse des Kreuzfahrers, der unter Aufbietung immenser Kosten und Mühen ins Land gekommen war, um Alexios gegen seine Feinde zu unterstützen, und deshalb eine andere Begrüßung erwartet hatte. Als Alexios auch noch versuchte, das Heer Gottfrieds von der Lebensmittelzufuhr abzuschneiden, um es so zum Weiterziehen zu zwingen, reagierten die Kreuzfahrer mit kontrollierten Plünderungen. Nach weiteren Auseinandersetzungen mit dem byzantinischen Kaiser sah sich Gottfried dann aber doch gezwungen, den Treueid zu leisten, an den er sich jedoch nicht gebunden fühlte, und wurde daraufhin von Alexios über den Bosporus geleitet.

Bis zum Frühjahr 1097 trafen unter der Führung von **Bohemund von Tarent** (um 1051–1111), **Raimund IV. von Toulouse** (um 1041–1105) und **Stephan von Blois-Chartres** (1045–1102) nacheinander weitere Teile des Heeres in Byzanz ein, die ebenfalls dem Kaiser die Treue schworen, bevor sie über den Bosporus setzen und sich mit Gottfrieds Heer vereinigen konnten. Ein einheitliches Oberkommando gab es allerdings nicht, denn **Adhemar von Monteil**, den der Papst zum Führer des Kreuzzugs ernannt hatte, verfügte über keinerlei militärische Erfahrung.

Schlachtenszene mit Adhemar von Monteil (links außen mit Mitra und Heiliger Lanze)

Beinahe zwei Jahre verbrachte das Kreuzfahrerheer mit Kämpfen in Kleinasien, bei denen es u. a. Nikäa, Doryläon, Edessa und Antiochia eroberte. Dann, im August des Jahres 1098, war der Weg nach Jerusalem und zu den übrigen heiligen Stätten frei. Die Ägypter hatten die Seldschuken aus der Heiligen Stadt vertrieben und den Christen freien Zugang zu ihren Heiligtümern zugesichert. Die Kreuzfahrer waren verwirrt und wussten nicht mehr, was sie tun sollten. Denn Adhemar, dessen Rat als Stellvertreter des Papstes sie jetzt dringend benötigt hätten, war verstorben.

Während sich die Heerführer, allen voran Bohemund von Tarent und Raimund IV. von Toulouse, um die Macht in Antiochia stritten und sich auch über das weitere Vorgehen nicht einig waren, kehrten die ersten Kreuzritter bereits wieder nach Europa zurück, da sie ihre Mission als erfüllt ansahen. Der größte Teil des Heeres hatte aber weiterhin ein Ziel: Jerusalem.

Im Januar des Jahres 1099 wandten sich die Kreuzfahrer dann endlich der Heiligen Stadt zu, doch sie konnten sich noch immer auf kein gemeinsames Vorgehen einigen, sodass sie für die verbleibenden 500 Kilometer, für die ein Pilger einen Fußmarsch von ungefähr zwei Wochen benötigte, beinahe sechs Monate brauchten.

Im Juni 1099 gelangte das Kreuzfahrerheer endlich in die Ebene von Galiläa, wo es vor der letzten großen Unternehmung noch einmal sein Lager aufschlug. Noch einmal wollten die Kreuzfahrer sich ausruhen und Kraft schöpfen, doch in der Nacht vom 6. auf den 7. Juni machte niemand ein Auge zu. Der soeben über dem Lager aufgegangene Mond verfinsterte sich wieder. Eine Mondfinsternis bedeutete Unglück, das war allgemein bekannt. Doch diesmal seien es nicht die Kreuzfahrer, denen Schlimmes bevorstehe, verkündeten die Priester dem Heer, sondern der muslimischen Halbmond, den man soeben hatte verschwinden sehen.

Am nächsten Morgen brach das Heer, von neuer Hoffnung erfüllt, mit den ersten Sonnenstrahlen auf. Und bereits gegen Mittag hatten sie den Gipfel eines Hügels erreicht, den sie später Montjoie, den „Berg der Freude“, nennen sollten. Jerusalem, die Heilige Stadt, der Ort, an dem Christus gestorben war und Salomon seinen Tempel erbaut hatte, lag vor ihnen. Überwältigt von dem Anblick sprangen die Reiter von ihren Pferden, fielen auf die Knie und küssten den Boden.

Nur wenig später gelangte das Heer vor die Tore Jerusalems. Von den 4000 Rittern und 25.000 Fußsoldaten, die vor knapp vier Jahren von Frankreich aus aufgebrochen waren, war nicht einmal die Hälfte übrig geblieben. Viele hatten ihr Leben bei der Erstürmung der Städte und unter dem Beschuss der seldschukischen Bogenschützen verloren. Aber noch mehr von ihnen waren den Strapazen der langen Reise erlegen und Hunger, Durst und Seuchen zum Opfer gefallen. Doch nicht nur der Tod hatte die Reihen der christlichen Kämpfer gelichtet. Ein Teil der Fußsoldaten war unterwegs desertiert, und auch ein Teil der Ritter hatte sich, von den Schätzen des Orients angelockt, lieber auf Raub- und Beutezüge begeben, anstatt weiter zu den Kämpfen um das ferne Jerusalem zu ziehen.

Kampf um Jerusalem

Die Belagerung begann. Iftikhar ad Daula, der Kommandant von Jerusalem, hatte während der vergangenen Monate ausreichend Zeit gehabt, die Stadt mit Nahrungsmitteln und Waffen zu versorgen und zugleich sämtliche Brunnen außerhalb der Stadtmauern zu vergiften. Nichts Essbares war weit und breit mehr zu finden, und die Belagerung zehrte an den Kräften der Kreuzfahrer mehr als an denen der Eingeschlossenen. Ein direkter Angriff auf die Mauern der Stadt schien unmöglich, denn das christliche Heer verfügte über keinerlei Sturmgerät, seien es Katapulte oder Belagerungstürme. Dennoch wagten die Belagerer nur wenige Tage nach ihrer Ankunft den Sturm auf die Stadt, da ihnen beim Besuch des Ölbergs ein Eremit bereits für den nächsten Tag den Sieg prophezeit hatte.

Der Angriff endete für das Heer der Kreuzritter mit einem Debakel. Bei den ungeschützten Angriffsversuchen hatten die Bogenschützen der Verteidiger leichtes Spiel. 700 der tapfersten Kämpfer aufseiten der Franken fielen, die Verluste der Ägypter hingegen blieben gering.

Die Lage der Kreuzritter schien aussichtslos. Die Trupps, die zum Wasserholen bis weit ins Hinterland geschickt werden mussten, wurden immer wieder von muslimischen Reitern überfallen. Gleichzeitig nahte ein Entsatzheer der Ägypter.

Doch plötzlich kam auch Hilfe für das Heer der Kreuzfahrer. Sechs Schiffe aus der Heimat gingen in Jaffa vor Anker, an Bord waren nicht nur Proviant und frische Kämpfer, sondern auch Werkzeu-

Die Kreuzfahrer erblicken Jerusalem, *Aquarell von Gustav Adolf Closs*

ge für den Bau von Belagerungsmaschinen. Holz fand man im Wald von Samaria, der Bau der Kriegsgeräte schritt rasch voran und so kam eine weitere Prophezeiung gerade recht: Ein Seher berichtete von der Erscheinung des verstorbenen Adhemar, der den Kreuzfahrern Buße, Versöhnung und ein dreitägiges Fasten auferlegte und ihnen dafür einen glanzvollen Sieg innerhalb einer Frist von neun Tagen versprach.

Sehr zur Belustigung der Verteidiger, die von den Mauern Jerusalems aus zusahen, zogen die Kreuzritter daraufhin dreimal singend und im Büßergewand um die Stadt, angeführt von ihren Priestern, die Kreuze und Weihrauchkessel trugen. Auf dem Ölberg versöhnten sich dann die zerstrittenen Anführer des Heeres. Drei Tage später begann der erneute Angriff auf die Stadt.

In der Nacht auf den 14. Juli, im Schutz der Dunkelheit, wurde der Einsatz der beiden riesigen Belagerungstürme vorbereitet. Sie waren der Mittelpunkt aller Planung, mit ihnen stand und fiel der Erfolg des Angriffs. Ihre obere Plattform überragte die Mauern der Stadt um die Länge einer Lanze, doch sie musste zunächst in Position gebracht werden. Die Türme waren kaum manövrierfähig und so starben Hunderte von Arbeitern unter dem Beschuss der Bogenschützen und im Griechischen Feuer, während sie den gigantischen Fahrzeugen den Weg ebneten und die Gräben vor den Stadtmauern zuschütteten.

Dem Griechischen Feuer, einer der wirkungsvollsten Waffen der damaligen Zeit, fiel auch der Turm zum Opfer, der von Süden her unter Raimund IV. angriff. Doch im Norden näherte sich der zweite Turm unaufhaltsam der Stadtmauer. Auf ihm stand, nach den Berichten der Chronisten, weithin sichtbar Gottfried von Bouillon, das Schwert in der Hand, mit wehendem blonden Haar, neben sich ein goldenes Kreuz. Im Laufe des Vormittags des 15. Juli erreichte der Turm endlich die Stadtmauer, sodass eine Brücke hinübergelegt werden konnte. Zwei flämische Ritter, die Brüder Litold und Gilbert von Tournai, fassten als Erste Fuß auf der Mauer. Gottfried von Bouillon und seine Ritter folgten.

Nach dem Fall der nördlichen Mauer dauerte es nicht mehr lange, bis auch die restliche Stadt in der Hand des christlichen Heeres war. Die Stadttore wurden geöffnet und die Kreuzfahrer sahen sich am Ziel ihrer Wünsche: Jerusalem, die Heilige Stadt, war von den Ungläubigen befreit.

Kreuzritter erstürmen die Heilige Stadt

Ein beispielloses Gemetzel begann, zu Tausenden wurden die Einwohner dahingeschlachtet. Die Eroberer wateten im Blut und schonten weder Frauen noch Kinder. „In allen Straßen und auf allen Plätzen der Stadt waren Berge abgeschlagener Köpfe, Hände und Beine zu sehen. Die Menschen liefen über Leichen und Pferdekadaver … Aber ich habe bis jetzt nur die kleineren Schrecken beschrieben …“ So beschreibt Raimund von Aguilers die Zustände in der eroberten Stadt. 18 Stunden lang dauerte das Töten. Viele der Muslime hatten sich in den Felsendom und in die Al-Aksa-Moschee geflüchtet, in der Hoffnung, dass die Christen angesichts der heiligen Stätten Gnade walten lassen würden, doch vergebens. Felsendom und Al-Aksa-Moschee wurden geschändet und geplündert, und die Kreuzfahrer scheuten nicht einmal davor zurück, in den Eingeweiden der Getöteten nach Gold zu suchen, da sie glaubten, sie hätten es vor der Erstürmung der Schlacht verschluckt. Auch die Juden, die sich in ihre Synagoge geflüchtet hatten, wurden nicht verschont. Die Synagoge wurde angezündet und verbrannte.

Erst als niemand mehr übrig war, den sie hätten töten können, erwachten die Kreuzfahrer aus ihrem Blutrausch. Jetzt erst sahen sie die heiligen Stätten vor sich

Gottfried von Bouillon, Oberhaupt des Kreuzfahrerstaates

und fielen weinend und betend auf ihnen nieder.

Die einzigen Muslime, die das Massaker überlebt hatten, waren Iftikhar, der Kommandant Jerusalems, und seine Männer, denen Raimund noch während des Kampfes gegen die Übergabe des Davidsturms und die Zahlung eines Lösegeldes freies Geleit gewährt hatte.

Im Süden des Heiligen Landes errichteten die Franzosen das Königreich Jerusalem, während die Normannen im Norden die Grafschaft Antiochia gründeten. Am 22. Juli 1099 wurde Gottfried von Bouillon zum Oberhaupt des neuen Kreuzfahrerstaates ernannt. Den Titel eines Königs von Jerusa-

! *De Gesta Francorum et aliorum hierosolimitanorum*

Das Wissen über den Ersten Kreuzzug wurde in erster Linie durch den Bericht eines anonymen Augenzeugen überliefert. In zehn Büchern berichtete er über die „Taten der Franken und anderer, die nach Jerusalem gingen“. Der Großteil der *Gesta Francorum* war bereits kurz nach dem Ende des Kreuzzugs 1099 vollendet, lediglich das zehnte Buch entstand erst 1101. Die *Gesta Francorum* ist noch immer die wichtigste Quelle zu den damaligen Ereignissen.

Es wird vermutet, dass der Schreiber der *Gesta Francorum* ein Gefolgsmann Bohemunds und ein Normanne aus Süditalien war. Möglicherweise war er ein Mönch oder ein Kleriker von niedrigem Rang, denn er nahm selbst nicht an den Kampfhandlungen teil.

Ein weiterer Augenzeugenbericht über den Ersten Kreuzzug stammt von Raimund von Aguilers, einem Schreiber aus dem Kloster von Vézelay, der zum Gefolge Raimunds gehörte. Seine *Historia Francorum qui ceperunt Iherusalem* (Die Geschichte der Franken, die Jerusalem einnahmen) berichtet allerdings oft von Wundern und Prophezeiungen, weshalb sie nicht immer als seriöse Quelle anerkannt ist.

lem lehnte er ab, da er Christus als einzig wahren König ansah. Er nannte sich selbst „princeps“ (Fürst) und „advocatus Sancti Sepulcri“ (Verteidiger des Heiligen Grabes).

Die späteren Kreuzzüge

Mit der Eroberung Jerusalems 1099 war das Heilige Land aber noch lange nicht fest in christlicher Hand. Die meisten Kreuzfahrer kehrten schon bald nach der Einnahme Jerusalems in ihre Heimat zurück, nur die wenigsten beabsichtigten, auf Dauer in Palästina zu bleiben. Nach zeitgenössischen Berichten waren es weniger als 3000, die sich hier niederließen, unter ihnen nicht einmal 300 Ritter. In den ersten Jahren strömten jedoch immer weitere Pilgerscharen nach Jerusalem, deren Anwesenheit die Lücken in den Reihen der Christen wenigstens vorübergehend schlossen. So gelang es, in den folgenden Jahren die wichtigsten Seehäfen, darunter Caesarea (1101), Tortosa (1102), Akkon (1104), Tripolis (1109) und Sidon (1110), einzunehmen.

Mit der Zeit aber verebbten die Pilgerströme, denn wer sich die Reise hatte leisten können, war bereits direkt nach der Eroberung hierhergekommen. Die Kreuzfahrer standen nun nicht nur vor der Aufgabe, die durch das Massaker entvölkerte Stadt zu verwalten, sondern auch die eroberten Gebiete in Syrien und Palästina gegen die allmählich wieder erstarkende muslimische Bevölkerung zu halten.

Fulkos Tod

1144 folgte dann der erste Rückschlag für die Christen im Heiligen Land. Kurz zuvor waren die beiden wichtigsten christlichen Anführer im Osten, Fulko (1092–1143), der König von Jerusalem, und Johannes II. Komnenos (1087–1143), der Kaiser von Byzanz, gestorben. In Jerusalem übernahm deshalb Fulkos Gattin Melisende (ca. 1105–61) die Herrschaft für ihren noch unmündigen Sohn Balduin III. (1130–62), während in Byzanz Manuel I. (1118–80) die Herrschaft antrat. Die momentan unsicheren Machtverhältnisse und die gleichzeitige

Abwesenheit Joscelins II. (1113–59), des Herrschers der Grafschaft Edessa, nutzte der Turkomane Imad ad-Din Zengi (1087–1146), der Herrscher von Mosul, zu einem Angriff auf das im Norden der Kreuzfahrerstaaten etwas abseits gelegene Edessa, das heutige Urfa. Nach einer vierwöchigen Belagerung hatte er die Stadt am Weihnachtsabend des Jahres 1044 eingenommen. Es war ein Schock für die westliche Welt, und Papst Eugen III. († 1153) rief 1145 zu einem neuen Kreuzzug auf. In seiner Bulle *Quantum praedecessores* stellte er alle geistigen und materiellen Vorteile der Kreuzfahrer zusammen.

Bernhard von Clairvaux als Fürsprecher der Kreuzzugsidee

Der französische König Ludwig VII. der Junge (1120–80) erklärte sich zu einem Zug ins Heilige Land bereit, doch der Adel zögerte. Erst Bernhard von Clairvaux (um 1090–1153), den der Papst

! Bernhard von Clairvaux

Der heilige Bernhard in einer hochmittelalterlichen Handschrift

Bernhard von Clairvaux (um 1090–1153) war einer der bedeutendsten und einflussreichsten kirchlichen Führer des 12. Jahrhunderts. Er, dessen tiefe Religiosität durch eine Marienerscheinung in seiner Jugend ausgelöst worden war, sollte der Gründer des Klosters von Clairvaux werden, von dem aus sich die Reform der Zisterzienser mit ihren Idealen der Ablehnung von Reichtum und weltlichem Machtstreben in der Kirche und des zurückgezogenen, weltabgewandten Lebens als Weg zum ewigen Heil über ganz Europa verbreitete.

Bernhard war für seine außerordentliche Redekunst berühmt, der er den Beinamen „Doctor Mellifluus“ (Lehrer, dessen Worte wie Honig fließen) verdankte.

Bernhard war aber nicht nur einer der wichtigsten Fürsprecher des Zweiten Kreuzzugs, er war auch einer der Förderer des Templerordens, für dessen Ordensregel er die Vorrede geschrieben hatte und dessen Ansehen er mit seinem *Liber ad milites templi de laude novae militiae* entscheidend förderte. Bernhard von Clairvaux wurde bereits 1174, nur 21 Jahre nach seinem Tod, heiliggesprochen.

zum Hauptprediger des Kreuzzugs berufen hatte, vermochte es, die Massen zu mobilisieren. Am Osterfest des Jahres 1146 hielt er in Vézelay vor einer riesigen Menschenmenge eine Rede, in deren Verlauf nicht nur der König das Kreuz nahm, sondern er selbst seine Kleidung zerriss, um eigenhändig Stoffkreuze als Zeichen der übernommenen Kreuzfahrt an die Gewänder der begeisterten Menge heften zu können.
Nach seiner Rede in Vézelay bereiste Bernhard Burgund, Flandern und die Schweiz, um weitere Rekruten zu werben. Außerdem stattete er dem Rheinland einen Besuch ab, um gegen die antisemitischen Hetzreden Radulfs, eines Zisterziensermönches, der ohne Erlaubnis seines Abtes sein Kloster verlassen hatte, vorzugehen. In Speyer überredete er den Stauferkönig Konrad III. (1093–1152) zur Teilnahme am Kreuzzug, und dorthin, wohin er nicht selbst reisen konnte, sandte er Briefe.
Die Begeisterung für den Kreuzzug erfasste das gesamte christliche Abendland. Der Zulauf war so enorm, dass sich der Kreuzzug zu einem Kampf an drei Fronten ausweitete. 1147 stellte Papst Eugen III. den Feldzug des spanischen Königs Alfons VII. von Kastilien (ca. 1104–1157) gegen die Mauren ebenfalls auf die Ebene eines Kreuzzugs, und auch die Auseinandersetzungen der norddeutschen Fürsten mit den heidnischen Wenden wurden in das allgemeine Kreuzzugsunternehmen miteinbezogen.
In der Mitte des Jahres 1147 brachen dann die beiden Hauptheere, etwa 240.000 Menschen, unter Ludwig VII. und Konrad III. auf dem Landweg nach Byzanz auf, während kleinere italienische und französische Einheiten direkt auf dem Seeweg nach Palästina fuhren. Der Zug ins Heilige Land geriet jedoch zu einem völligen Fiasko.
Die erste schwere Niederlage erlitt das deutsche Heer bereits im Oktober 1147, als es bei Doryläum von den Türken vernichtend geschlagen wurde. Konrad III. kehrte schwer verletzt nach Byzanz zurück, während sich die Überreste seines Heeres den Franzosen anschlossen.
Doch auch Ludwigs Heer hatte kein Glück, das Wetter machte ihm ebenso zu schaffen wie die ständigen Angriffe durch die Seldschuken, und die Versorgung mit Nachschub wurde von den Byzantinern behindert. In der Schlacht am Berg Kadmos entging der Zug, der größtenteils aus einfachen Pilgern bestand, die nicht zu kämpfen gewohnt waren, im Januar 1148 nur dank des Eingreifens der Tempelritter unter Everard des Barres († 1176) der völligen Vernichtung. Die im Gegensatz

zur Masse der Pilger verschwindend kleine Anzahl der Tempelritter übernahm daraufhin die Organisation und Führung des Heeres und brachte es heil durch die Ber-

König Konrad III.

ge bis nach Antalya, wo Ludwig VII. wieder das Kommando übernahm. Im Frühjahr gelangte das Heer schließlich ins Heilige Land. Doch plötzlich wandte sich Ludwig VII. Jerusalem zu, anstatt, wie ursprünglich geplant, das verlorene Edessa zurückzuerobern. Doch es sollte noch schlimmer kommen. In Jerusalem traf er mit dem wieder genesenen Konrad III. und Balduin III., dem 16-jährigen König von Jerusalem, zusammen, und gemeinsam beschlossen sie einen Angriff auf Damaskus, dessen Emir Unur als einziger muslimischer Herrscher ein Verbündeter der Christen und ein Gegner der Turkomanen war. Unur, der rechtzeitig von dem geplanten Angriff auf seine Stadt erfahren hatte, rüstete sich zur Verteidigung und rief nun Nur ad-Din, den Sohn und Nachfolger Zengis, zu Hilfe. Doch dessen Eingreifen war kaum noch nötig. Zwar gelang es dem fränkischen Heer, die Obstgärten im Süden Damaskus' einzunehmen, doch dann verlagerten sie ihren Angriff aus der gesicherten Stellung heraus auf die offene und wasserlose Ebene im Osten der Stadt. Wenig später traf Nur ad-Dins Heer zur Unterstützung ein, und die ohnehin zerstrittenen Anführer des Kreuzfahrerheeres verließen kampflos ihr Lager und kehrten mit den Resten ihres Heeres in die Heimat zurück.

In der Folge überhäuften sich die verschiedenen Parteien des Kreuzzugs mit Schuldzuweisungen für das Scheitern des Kreuzzugs. Die deutschen Chronisten schoben sogar den Templern die Verantwortung zu, da ihnen der Orden schon lange als französische Militärorganisation suspekt war. Die Vorwürfe von Verrat und Sabotage gingen sogar so weit, dass sich der Stauferkönig selbst genötigt sah, die Partei der Tempelritter zu ergreifen. Auch Ludwig VII. betonte die positive Rolle, die die Templer während des Kreuzzugs gespielt hatten, und wies seinen Schatzmeister an, den Orden für die geleistete Hilfe zu entschädigen.

Der einzige Vorwurf, den sich die mit der Lage im Heiligen Land vertrauten Templer machen lassen mussten, ist der, sich nicht energisch genug gegen den Angriff auf Damaskus eingesetzt zu haben.

! Die Kreuzzüge

Insgesamt fanden sieben große und einige kleinere, nicht organisierte Kreuzzüge ins Heilige Land statt. Die Zählung ist unterschiedlich, da der Kreuzzug Friedrichs II. teilweise zum Fünften Kreuzzug dazugerechnet oder aber als eigenständiger Kreuzzug angesehen wird.

1. Kreuzzug (1096–99)
2. Kreuzzug (1147–49)
3. Kreuzzug (1189–92)
4. Kreuzzug (1202–04)

Der Kinderkreuzzug (1212)

5. Kreuzzug (1217–21)

Der Kreuzzug Friedrichs II. (1227/28)

6. Kreuzzug (1248–50)
7. Kreuzzug (1270–72)

Etwa 150.000 Christen lebten inzwischen ständig im Heiligen Land. Allerdings waren nur wenige von ihnen Kämpfer. Neben den Armeen des Königs von Jerusalem und der übrigen Kreuzfahrerstaaten waren dies vor allem die Mitglieder der beiden großen Ritterorden, der Templer und der Johanniter.

Seit dem Angriff auf Damaskus durch das Kreuzfahrerheer hatte sich die militärische Lage der Kreuzfahrerstaaten erheblich verschlechtert, denn nun standen die gegnerischen Seldschuken und Turkomanen unter Nur ad-Din nicht mehr allein im Norden, sondern auch an der Ostgrenze des Landes. Nur die Seeseite im Westen und der Süden zu dem eher schwachen Ägypten waren einigermaßen gesichert. Im Süden sicherten sich die Christen 1153 zunächst durch die Einnahme Askalons, des letzten Hafens, der an ihr Gebiet stieß, aber zuvor noch in ägyptischer Hand war, weiter ab. Doch dann vergeudeten sie ihre Kräfte durch ehrgeizige Feldzüge nach Ägypten, ohne jedoch dessen Vereinigung mit Syrien verhindern zu können.

In den folgenden Jahrzehnten wurden die muslimischen Reiche, die die Kreuzfahrerstaaten auf allen Seiten umgaben, zunehmend stärker. Saladin, einem aus dem Nordirak stammenden Kurden, der zunächst als Offizier Nur ad-

Dins diente, gelang es nach dessen Tod, die muslimischen Völker zu einigen und zur Eroberung Palästinas aufzurufen.

! Saladin

Saladin wurde ca. 1138 im mesopotamischen Tikrit geboren. Er diente als Offizier bei den Truppen Nur ad-Dins und zog 1163 von Damaskus aus gegen Ägypten, wo er bis zum Sultan aufstieg. Nach Nur ad-Dins Tod 1174 übernahm er anstelle dessen minderjähriger Kinder auch die Herrschaft über Syrien. Er vereinte durch weitere Eroberungen sein Reich mit Damaskus, Aleppo und Mosul und konnte von dieser Position aus die Eroberung Palästinas in Angriff nehmen. 1193 starb Saladin. Seine Nachkommen, die Dynastie der Aijubiden, sollten für ein halbes Jahrhundert die wichtigsten Machthaber des Morgenlandes bleiben.
Auch heute noch gilt Saladin als einer der größten Helden der muslimischen Welt, auf den sich viele Muslime noch immer in ihrem Kampf gegen die sogenannten „Ungläubigen" berufen.

Die entscheidende Niederlage fügte Saladin den Christen am 4. Juli 1187 in der Schlacht bei Hattin in der Nähe des Sees Genezareth zu. Mit einem 30.000 Mann starken Heer, darunter 12.000 berittene Soldaten, das er aus all seinen Herrschaftsgebieten zusammengezogen hatte, war Saladin am 26. Juni von al-Ashtara aufgebrochen und hatte wenig später den Jordan überschritten.

Verlobung (unten) und Hochzeit (oben) von Guido von Lusignan und Sibylle von Jerusalem

Sein Gegner war Guido von Lusignan († 1194), der erst um 1170 nach Palästina gekommen war und dort durch die Heirat mit Sibylle (um 1160–90), der Schwester des Königs von Jerusalem, an die Macht gekommen war. Balduin IV. der Aussätzige (1161–85) hatte bereits 1183 auf Druck von

Guido und Sibylle zugunsten seines Neffen Balduin V. (1177–86) aus Sibylles erster Ehe auf den Thron verzichtet, und nach dem Tod seines Stiefsohnes war Guido 1186 König von Jerusalem geworden. Wie so viele andere Kreuzfahrer, die sich erst relativ kurz im Heiligen Land aufhielten, wollte auch Guido kein friedliches Nebeneinander von Christen und Muslimen, sondern gierte im Gegensatz zu den bereits länger ansässigen Christen nach Kampf und Auseinandersetzungen mit den „Ungläubigen“. Er missachtete den Frieden zwischen den Kreuzfahrerstaaten und Saladin und provozierte diesen durch Überfälle auf Karawanen und Reisende.

Als Saladin Ende Juni 1187 den Angriff auf Palästina begann, zog ihm Guido mit 20.000 Mann entgegen, von denen jedoch nur 1200 Ritter waren. Dennoch war es das größte Heer, das jemals von Christen im Heiligen Land aufgestellt worden war. Doch Guido ließ sich von Saladins Angriff auf Tiberias entgegen dem Rat seiner Heerführer dazu provozieren, seine günstige Stellung bei Sephorie zu verlassen. Ohne Wasser und unter den ständigen Angriffen von Saladins Bogenschützen kam das christliche Heer jedoch nur langsam voran. Am 4. Juli wurde es im Hügelgebiet von Qarn Hattin, den „Hörnern von Hattin“, von Saladins Truppen eingeschlossen und vernichtend geschlagen. Nur wenige Ritter konnten entkommen, der Rest der christlichen Truppen wurde von Saladin gefangen genommen.

Die Schlacht bei Hattin

Da das Heer der Kreuzfahrer nicht mehr bestand und die meisten Städte der Christen ihre Verteidiger eingebüßt hatten, war Saladins Siegeszug durch Palästina kaum aufzuhalten. Lediglich bei der Hafenstadt Tyrus verzichtete er aufgrund der starken Verteidigungsanlagen auf einen Angriff. Dann wandte er sich gegen Jerusalem. Bereits am 2. Oktober ergab sich die Heilige Stadt. Saladin begnadigte einen großen Teil der gefangenen Ritter und erlaubte den Christen auch weiterhin die Ausübung ihrer Religion an ihren heiligen Stätten in Jerusalem.

Dennoch war der Schock über den Verlust in der christlichen Welt groß. Als die Nachricht das Abendland erreichte, starb Papst Urban III. (um 1120–87) vor Entsetzen. Sein Nachfolger, Gregor VIII. (um 1100–87), rief bereits am 29. Oktober, vier Tage nach seiner Wahl, mit der Bulle *Audita tremendi* zum **Dritten Kreuzzug** auf.

Während die europäischen Könige, allen voran Richard von Poitou (1157–99), der spätere Richard Löwenherz, und der deutsche Kaiser Friedrich I. Barbarossa (um 1122–90), den Zug ins Heilige Land vorbereiteten, setzte Saladin seine Eroberung fort. Bis 1190 war das gesamte Königreich Jerusalem, mit Ausnahme von Tyrus, Antiochia und Tripolis, die von Wilhelm II. von Sizilien (um 1154–89) mit seiner Flotte unterstützt wurden, in seiner Hand.

Im Mai 1189 brach unter Anführung des deutschen Kaisers Friedrich I. Barbarossa von Regensburg aus ein gewaltiges Heer auf, um die Heilige Stadt zurückzuerobern. Diszipliniert wie kein anderes Kreuzfahrerheer vor oder nach ihm gelangte es auf dem Landweg bis nach Kleinasien, doch als der Kaiser am 10. Juni 1190 im Fluss Saleph ertrank, zerfiel das Heer. Auch der englische König Richard Löwenherz sowie Philipp II. August von Frankreich (1165–1223) zogen 1190 ins Heilige Land, doch nach der Eroberung Akkons im Juli 1191 kehrte Philipp II. bereits wieder nach Frankreich zurück. Richard Löwenherz hingegen blieb 16 Monate in Palästina. Trotz einiger Erfolge gegen Saladin und der Sicherung der Küstenstädte konnte er sein eigentliches Ziel, die Wiedereroberung Jerusalems, nicht erreichen.

Papst Innozenz III.

Schon wenige Jahre später begann der **Vierte Kreuzzug**. Innozenz III. (um 1160–1216) rief bereits 1198, kurz nach seiner Wahl zum Papst, zu einem neuen Kreuzzug auf, der wie kaum ein anderer die Kritik der Kreuzzugsgegner auf sich zog. Innozenz stieß bei seinem Aufruf in ganz Europa auf ein enormes Echo, doch wollte er nicht nur die Rückeroberung des Heiligen Landes, sondern erklärte jeden Kampf gegen die Ungläubigen, sei es gegen die Mauren auf der Iberischen Halbinsel oder gegen die Katharer in Frankreich, zum Heiligen Krieg. Die Kämpfer, die bereit waren, an dem Kreuzzug teilzunehmen, verteilten ihre Kräfte auf die verschiedenen Fronten, und nur 30.000 Mann, vor allem aus Frankreich und Venedig, brachen 1202 auf dem Seeweg in den Osten auf. Doch diesmal hieß das Ziel nicht Jerusalem, sondern Ägypten. Nachdem die Kreuzfahrer zunächst das dalmatinische Zadar, das von der Republik Venedig abtrünnig geworden war, zurückerobert hatten, segelten sie weiter, doch sie hatten nun ein neues Ziel: Trotz heftiger Proteste des Papstes griffen sie unter einem Vorwand das christliche Byzanz an und plünderten die Stadt. Nachdem sie auch den Rest des Byzantinischen Reiches unterworfen hatten, kehrten sie in ihre Heimat zurück.

Ein weiterer Kreuzzugsaufruf Innozenz' III. sollte jedoch noch katastrophaler enden. 1212 folgten Kinder und Jugendliche aus ganz Frankreich und Deutschland seiner allgemein formulierten Aufforderung, nach Palästina zu ziehen. Nach verschiedenen Berichten waren es 20.000–30.000 Kinder, die sich dem Pilgerzug anschlossen und in der Erwartung nach Marseille zogen, das Meer würde sich vor ihnen öffnen und ihnen den Weg ins Heilige Land freigeben.

Als dies nicht geschah, teilte sich der **Kinderkreuzzug** auf. Viele der Kinder wurden in Marseille auf Schiffe gelockt und dann in die Sklaverei verkauft, die Übrigen versuchten, in Italien Schiffe nach Palästina zu erreichen, die dann jedoch häufig unterwegs

Der Kinderkreuzzug *von Gustav Doré*

von Piraten überfallen wurden oder kenterten. Die wenigsten erreichten ihr Ziel, die meisten starben bereits unterwegs an Hunger und Entbehrungen.

Noch immer war die Heilige Stadt in den Händen der Muslime und so rief Innozenz III. 1213 zu einem neuen, dem **Fünften Kreuzzug** auf. 1215 wurde dieser auf dem Vierten Laterankonzil offiziell beschlossen, doch erst 1217 war man zum Aufbruch bereit. Um eigenmächtigen Entscheidungen über seinen Verlauf vorzubeugen, stellte der neue Papst Honorius III. (1148–1227) diesmal einen päpstlichen Legaten, Pelagius von Albano (um 1165–1240), an seine Spitze. Unter der Führung Herzog Leopolds VI. von Österreich (1176–1230) und des ungarischen Königs Andreas II. (um 1177–1235) brachen Truppen aus ganz Europa nach Akkon auf, nur die Beteiligung aus Frankreich war diesmal gering. Zunächst verbrachten die Kreuzfahrer den Winter mit kleineren Kämpfen im Heiligen Land, dann wandten sie sich nach Ägypten, um dort eines der Zentren der muslimischen Macht direkt anzugreifen. Unterstützt von einer neu eingetroffenen Flotte aus Nordeuropa belagerten sie die im Nildelta gelegene Hafenstadt Damiette, die im November 1219, nach eineinhalb Jahren, eingenommen wurde. Doch der Plan der Kreuzfahrer schien nun endlich aufzugehen. Der ägyptische Sultan al-Kamil bot ihnen für ihren Rückzug aus Ägypten die Rückgabe des ganzen Königreichs Jerusalem an, doch diesmal war es der Legat des Papstes, der dies verhinderte. Entgegen allen Ratschlägen wollte er nun die völlige Unterwerfung Ägyptens. Am 30. August 1221 kapitulierte das Kreuzfahrerheer, nachdem die Ägypter die Dämme des Nils geöffnet hatten und das Heer von den Wassermassen eingeschlossen worden war.

Ursprünglich hatte auch der Stauferkaiser **Friedrich II.** (1194–1250) seine Teilnahme am Kreuzzug zugesagt. Doch aufgrund von Streitigkeiten mit dem Papst über das Königreich Sizilien war er erst 1227 zum Aufbruch nach Palästina bereit. Als sich der Kreuzzug dann wegen einer Krankheit noch einmal verzögerte, verhängte Gregor IX. (um 1167–1241) den Kirchenbann über Friedrich. Dennoch brach der Kaiser ins Heilige Land auf. Seine Armee war aber eher klein, denn der Papst hatte allen Christen verboten, an seinem Kreuzzug teilzunehmen. Selbst die Christen im Heiligen Land, die Templer, die Johanniter und die anderen Ritterorden, durften Friedrich nicht unterstützen. Dennoch sollte ihm das gelingen, was keine der großen Streitmächte der vorangegangenen Kreuzzüge erreicht hatte: Erstmals seit mehr als 40 Jahren kam Jerusalem, außer dem Tempelplatz mit dem Felsendom und der Al-Aksa-Moschee, wieder in christliche Hand, ebenso größere Gebiete im Norden und einige Städte zwischen Jerusalem und der Küste, darunter Bethlehem und Nazareth. Dies alles war Friedrich ohne großes Blutvergießen allein durch Verhandlungen mit Sultan al-Kamil (1180–1238) gelungen, da er seinen Verhandlungspartner und dessen Glauben respektierte. In der Grabeskirche ließ sich der exkommunizierte Stauferkaiser zum König von Jerusalem krönen.

Die Wiedergewinnung der Heiligen Stadt rief im Abendland die

Friedrich II. setzt sich in der Grabeskirche die Krone auf

unterschiedlichsten Reaktionen hervor. Das Ziel eines Kreuzzugs sei die Säuberung der heiligen Stätten von den Ungläubigen, nicht der Friedensschluss mit ihnen, hieß es von vielen Seiten. Die Kreuzzugsidee war durch das Teilnahmeverbot des Papstes schwer geschädigt worden.

In den folgenden Jahren näherte sich eine neue Gefahr dem Heiligen Land. Das Seldschukenreich war zerfallen, und von Osten her, aus den asiatischen Steppen, kamen neue Nomadenvölker in den Vorderen Orient. Die Mongolen unter Dschingis Khan (um 1160–1227) hatten das Chorasanenreich zerstört und Samarkand niedergebrannt, woraufhin Tausende weiter nach Westen flohen und raubend und mordend durch Syrien zogen. Um neue Verbündete in den Christen der Kreuzfahrerstaaten zu gewinnen, gab der ägyptische Sultan ihnen viele weitere, einst von Saladin eroberte Gebiete zurück. Das Königreich Jerusalem erstrahlte in neuem Glanz, ohne dass ein einziger Tropfen Blut dafür geflossen war. Doch die Christen waren untereinander zerstritten, und Templer und Johanniter bekämpften sich im offenen Straßenkampf. 1243 zogen sie dann doch vereint zur Verteidigung von Damaskus, ließen dabei jedoch Jerusalem ohne Schutz zurück. Im Juni 1244 wurde die Heilige Stadt von den Chorasanen erobert und vollständig niedergebrannt.

Zwei Monate später wurde das christliche Heer des Königreichs Jerusalem in der Schlacht von La Forbie von den Truppen der Ägypter und Chorasanen vernichtend geschlagen. Die Reaktionen in Europa auf den abermaligen Verlust der Heiligen Stadt und die Zerstörung der Grabeskirche waren eher verhalten. Dennoch gelobte der französische König Ludwig IX. der Heilige (1214–70) für seine Genesung von der Malaria die Rettung des Heiligen Landes. Im August 1248 brach Ludwig nach vierjähriger Vorbereitung mit 50.000 Mann zum **Sechsten Kreuzzug** über Zypern Richtung Ägypten auf, wo es ihm am 6. Juni 1249 gelang, noch einmal Damiette einzunehmen.

Der Kreuzzug Ludwigs IX.

Erst im Winter marschierte er weiter gegen Kairo, wo sich die ägyptischen Truppen inzwischen gesammelt hatten. Bei Al-Mansurah erlitt er jedoch eine schwere Niederlage, und sein Heer musste sich, von Hunger und Krankheiten weiter geschwächt, am 6. April 1250 ergeben. Erst gegen die Zahlung eines hohen Lösegeldes und die Herausgabe Damiettes wurde Ludwig wieder freigelassen und blieb bis 1254 im Heiligen Land, wo er die Verwaltung der Kreuzfahrerstaaten neu organisierte und zahlreiche Burgen erneuern und ausbauen ließ.

Durch die Auseinandersetzungen der islamischen Welt mit den Mamelucken, einstigen Militärsklaven, die sich aus ihrer Abhängigkeit befreit hatten, wurden die Kreuzfahrerstaaten noch einmal für eine Weile entlastet. Zugleich versuchten sie, sich mit den Mongolen gegen die Muslime zu verbünden. Doch 1260 siegten die Mamelucken auch über die Mongolen und wurden zur bestimmenden militärischen Macht in der islamischen Welt.

Das allmähliche Vorrücken der Mamelucken, die 1268 Jaffa und Antiochia eingenommen hatten und nun Akkon bedrohten, veranlassten Ludwig IX., 1270 zu einem weiteren, dem **Siebten Kreuzzug** aufzubrechen. Diesmal hatte er Unterstützung von dem späteren König Eduard I. von England (1239–1307) und seinem Bruder Karl I. von Anjou (1226–85), der ihn zunächst zu einem Angriff auf Tunis überredete. Doch schon bald nach seiner Ankunft in Afrika erlagen Ludwig und große Teile des Heeres einer Epidemie, und die Überreste des Kreuzfahrerheeres wandten sich auf Drängen Eduards dem Heiligen Land zu.

Gerade zu dieser Zeit benötigten die Kreuzfahrerstaaten dringend

Eduard I. von England

? Schon gewusst?

Eroberung Valencias durch El Cid

Christliche Kreuzzüge fanden nicht nur im Heiligen Land, sondern auch in Afrika, im Baltikum und in anderen Teilen Europas statt. Neben Palästina war es vor allem die Iberische Halbinsel, auf der sich seit der Eroberungen durch die Mauren die christlichen Ritter für die Rückeroberung der besetzten Gebiete, die Reconquista, einsetzten. Die **Reconquista** wurde schon 1123 von Papst Calixt II. (um 1060–1124) den Kreuzzügen ins Heilige Land gleichgestellt, sodass die Beteiligung spanischer und portugiesischer Ritter in Palästina relativ gering blieb: „Mit apostolischer Autorität und gottverliehener Macht gewähren wir gnädig all denjenigen, die tapfer auf diesem Feldzug kämpfen, dieselbe Sündenvergebung, die wir den Verteidigern der Kirche des Orients zugestanden haben."

Bereits im Jahr 711 hatte der Berberkönig Tariq Ibn Ziyad (670–720) Gebiete in der Region um Gibraltar besetzt. Innerhalb von weniger als zwei Jahrzehnten eroberten die Araber beinahe die gesamte Iberische Halbinsel und drangen sogar über die Pyrenäen bis nach Südfrankreich vor, nur ein kleiner Teil Asturiens im Norden des Landes konnte durch seinen Sieg in der Schlacht von Covadonga 722 unter seinem Fürsten Pelagius die Unabhängigkeit bewahren.

Schon bald regte sich der Widerstand gegen die Besatzer, doch erst der fränkische Hausmeier Karl Martell (ca. 688–741) konnte 732 in der Schlacht von Tours und Poitiers den Siegeslauf der Araber stoppen, infolgedessen er als der „Retter des Abendlandes" gefeiert wurde. Dennoch blieb die Iberische Halbinsel weitere 300 Jahre größtenteils in der Hand der Mauren, deren Vorherrschaft erst 1037 durch die Rückeroberung von Santiago de Compostela deutlich eingeschränkt wurde. Der bedeutendste Kämpfer der Reconquista war Rodrigo Díaz de Vivar (um 1043–99), der unter dem Namen „El Cid", „Der Herr", zum spanischen Nationalhelden wurde. Die Reconquista endete 1492 mit der Kapitulation Muhammads XII. (um 1452–1533), des letzten arabischen Herrschers in Andalusien.

Aber auch die Kämpfe an den Ostgrenzen des christlichen Abendlandes wurden als Kreuzzüge angesehen.

Hilfe von außen. Der Mameluck Baibars I. (1223–77), der 1260 entscheidend zum Sieg über die Mongolen beigetragen hatte und durch die Ermordung Saif ad-Din Qutuz´ selbst zum Sultan emporgestiegen war, setzte seinen Eroberungsfeldzug durch den Vorderen Orient stetig fort, und die Kreuzfahrerburgen Krak des Chevaliers, Chastel Blanc und Gibelcar gingen bereits 1271 an ihn verloren. Für kurze Zeit konnte ein von Eduard 1272 ausgehandelter Waffenstillstand noch einmal für Ruhe sorgen.

Immer wieder ergingen Hilferufe an das Abendland. Doch die Herrscher im Westen waren inzwischen mit eigenen politischen Problemen beschäftigt, und die Kreuzzugsaufrufe brachten nur einige unwesentliche Hilfskontingente nach Akkon. Nach Baibars' Tod hatte sich die Lage in Palästina weiter verschärft. 1289 eroberten die Mamelucken Tripolis und machten die ganze männliche Bevölkerung nieder. Nach der Machtübernahme durch Sultan al-Ashraf Chalil († 1293) im Jahr 1290 begann der Angriff auf Akkon, einer der letzten wichtigen Stützpunkte der Christen im Heiligen Land. Die Belagerung begann am 6. April 1291. Am 28. Mai wurde die Stadt eingenommen. Im August desselben Jahres kapitulierten Tyrus und Sidon, und auch Beirut und Tartus wurden geräumt. Die letzten Stützpunkte der Kreuzfahrer im Heiligen Land waren damit für immer verloren.

Das Heilige Land

Das Ziel der Kreuzfahrer war das Heilige Land, das Land, in dem Christus gelebt und gewirkt hatte. Die bereits während des Ersten Kreuzzugs eroberten Territorien erstreckten sich aber nicht nur über die Gebiete des heutigen Israel, sondern auch über den Libanon und große Teile Syriens bis hinauf in die Türkei und wurden auch als Palästina oder Outremer (französisch „outre mer“, „jenseits des Meeres“) bezeichnet.

Die Kreuzfahrerstaaten

In den Jahren von 1098 bis 1109 wurde Palästina in vier Kreuzfahrerstaaten aufgeteilt, die allerdings bezüglich Verwaltung, Recht und Politik nicht wirklich voneinander autonom waren.

Der erste von ihnen war die Grafschaft Edessa. Die strategisch außerordentlich wichtige Stadt wurde im März 1098 von Balduin von Boulogne, dem Bruder von Gottfried von Bouillon, erobert und bildete von diesem Zeitpunkt an die Grundlage für die Versorgung des Kreuzfahrerheeres, da der Kaiser von Byzanz kaum zu dessen Unterstützung beitrug.

Balduins Einzug in Edessa

Nach 1099 wurden das Königreich Jerusalem und das Fürstentum Antiochia gegründet, 1109 folgte die Grafschaft von Tripolis. Sie bildeten die Basis, von der aus der Schutz der christlichen Gebiete im Binnenland und der Ausbau der Grenzanlagen sowie die Eroberung der Hafenstädte in Angriff genommen wurden.
Obwohl die Initiative für den Kreuzzug vom Papst ausgegangen war, fühlten sich die Herrscher der Kreuzfahrerstaaten nicht vom Papst oder dem Patriarchen von Jerusalem abhängig. Ihr Herrschaftssystem entsprach dem abendländischen Feudalsystem. Der König von Jerusalem übte nur innerhalb der Krondomäne die unmittelbare Herrschaft aus, mit den übrigen Gebieten des Königreichs waren Kronvasallen belehnt, die innerhalb ihres Territoriums die volle Gerichtsbarkeit besaßen. Das Königreich Jerusalem war mit den anderen Kreuzfahrerstaaten eng verbunden, oftmals sogar durch verwandtschaftliche Bande. Nach dem Verlust Jerusalems und zuletzt Akkons existierte es als Titularkönigtum auf Zypern noch bis ins 15. Jahrhundert weiter.
Da die Christen in Palästina gegenüber der einheimischen Bevölkerung stets in der Unterzahl waren, gründeten sie kaum eigene Siedlungen und beließen die Verwaltung der Städte und Dörfer in ihrer herkömmlichen Form, wobei allerdings die steuerlichen Abgaben nun an die neuen Herrscher abgeführt wurden. Anstatt Umstrukturierungen vorzunehmen, konzentrierten sie sich auf den Ausbau eroberter Burgen und den Bau neuer Festungsanlagen, da ihre Existenz nicht nur durch die Angriffe feindlicher Nachbarn, sondern oftmals auch durch die einheimische Bevölkerung bedroht wurde. So wurden die mächtigen Kreuzfahrerburgen nicht nur nach militärischen Gesichtspunkten entlang der Grenzen errichtet, sondern dienten auch innerhalb des Landes als Symbole für die Herrschaft der Christen im Heiligen Land. Bei dem Bau neuer Burgen griffen die Kreuzfahrer auf die wichtigsten Prinzipien der orientalischen Fes-

tungsbauweise zurück, die vor allem auf den Schutz der Mauern durch vorgelagerte Türme und eine doppelte Verteidigungslinie aus zwei unterschiedlich hohen Mauerreihen setzte. Die hier gewonnenen Kenntnisse bildeten in den folgenden Jahrhunderten die Grundlage für die europäische Festungsarchitektur. Die Anzahl der Ritter im Heiligen Land war jedoch meistens zu gering, um gleichzeitig die für die Verteidigung nötige Besatzung in den Burgen zurücklassen und daneben ein ausreichendes Heer für die offene Feldschlacht aufstellen zu können, sodass die eroberten Gebiete auf Dauer nicht gehalten werden konnten.

Während die Kreuzfahrerburgen die Basis für die Sicherheit im Landesinneren darstellten, war die Voraussetzung für die Versorgung mit Truppen, Nahrung und Ausrüstung die Eroberung der Küstenstädte. Zeitweise befand sich die gesamte Mittelmeerküste des Heiligen Landes fest in christlicher Hand. Die wichtigste Stadt im Königreich Jerusalem war Akkon an der Nordspitze der Bucht von Haifa, der einzige Hafen, der bei jedem Wetter sicher war. Bereits 1104 war es in einem gemeinsamen Angriff von Balduin I. und Schiffen aus Pisa und Genua vom Land und vom Wasser aus eingenommen worden. 1187 fiel es nach der Schlacht von Hattin in die Hände Saladins, doch nach einer mehr als zweijährigen Belagerung konnten es die Kreuzfahrer 1191 zurückerobern. Da Jerusalem dagegen nicht zurückgewonnen werden konnte, wurde Akkon die Hauptstadt des Königreichs Jerusalem, bis es 1291 endgültig aufgegeben werden musste. In den 100 Jahren bis zur letzten Niederlage der Kreuzfahrer war Akkon nicht nur der wichtigste Stützpunkt im ständigen Kampf mit den Muslimen, sondern auch eine der wichtigsten Handelsstädte im europäischen Orienthandel. Darüber hinaus kamen im 13. Jahrhundert immer mehr Kirchen-

! Krak des Chevaliers

Die berühmteste heute noch erhaltene Kreuzfahrerburg ist Krak des Chevaliers in Syrien. Bereits im 11. Jahrhundert existierte hier das sogenannte „Kurdenschloss", das 1142 von den Johannitern gekauft und in eine Festungsanlage umgebaut wurde, die Platz für 2000 Mann Besatzung und Vorräte für mehrere Jahre bot. Die Burg widerstand mehreren Belagerungen und konnte erst 1271 wegen Wassermangel von den Truppen Baibars' eingenommen werden.

gemeinschaften aus den verlorenen Gebieten in die Stadt, und Akkon wurde zum Hauptsitz der Templer und anderer Ritterorden. Zugleich aber war es auch ein Sammelplatz für Kriminelle, die aus Europa hierher deportiert worden waren. Die Spannungen innerhalb der Stadt zwischen den verschiedenen Bevölkerungsgruppen wuchsen, bis sie zeitweise in regelrechten Straßenkämpfen und Mordserien eskalierten. Noch ein letztes Mal taten sich die Bewohner Akkons zusammen, als im April 1291 eine riesige Streitmacht vor der Stadt erschien, die aus 60.000 Reitern, 160.000 Fußsoldaten und 100 Belagerungsmaschinen bestanden haben soll.

Die Belagerung von Akkon im Jahr 1291

Die Besatzung Akkons dagegen bestand aus nicht einmal 15.000 Soldaten, von denen höchstens 800 Ritter waren. Dazu kam die Zivilbevölkerung der Stadt mit 30.000–40.000 Menschen. In einem letzten verzweifelten Kampf, der sich über mehrere Wochen hinzog, versuchten die Christen, die Eroberung ihrer letzten Zufluchtsstätte zu verhindern. Am

? Schon gewusst?

Nach dem Niedergang der Kreuzfahrerstaaten nahm die Zahl der Christen im Heiligen Land immer weiter ab. Heute sind von den rund 7,2 Millionen Einwohnern Israels nur noch etwa 150.000 Christen verschiedenster Konfessionen vorhanden. In Jerusalem selbst leben nur noch etwa 11.000 Christen, vor 50 Jahren waren es noch 40.000.
Der freie Zugang zu den heiligen Stätten der drei großen Religionen und die freie Religionsausübung sind in Israels Unabhängigkeitserklärung durch das 1967 verabschiedete „Gesetz zum Schutz der „heiligen Stätten“ garantiert: „Die heiligen Stätten werden vor Entweihung und jeder anderen Verletzung geschützt sowie vor allem, was den freien Zugang der Mitglieder der verschiedenen Religionen zu den ihnen heiligen Stätten oder ihre Gefühle in Bezug auf diese Stätten verletzen kann.“

18. Mai drangen die Angreifer in die Stadt ein. Die Stadt wurde völlig verwüstet, und nur wenige Christen konnten auf den Schiffen entkommen. Eine Woche nach der Eroberung Akkons wurde an einer Stelle immer noch gekämpft: in der Burg der Templer, in die sich die letzten Überlebenden geflüchtet hatten. Zweimal bot der Sultan den Templern und ihren Begleitern freien Abzug an, und zweimal wurde das Abkommen gebrochen. Die letzten Christen Akkons starben unter den Trümmern ihrer Stadt.

Die Heilige Stadt

Jerusalem, die Heilige Stadt, war das Hauptziel aller Kreuzfahrer und Pilger im Heiligen Land. Seit Jahrhunderten hatten sich Christen und Muslime um die Stadt gestritten, die allen drei großen monotheistischen Religionen – Judentum, Christentum und Islam – heilig ist. Für die Christen wiederum stand die Grabeskirche als wichtigstes Heiligtum im Mittelpunkt, da es sowohl Golgatha, die Kreuzigungsstätte Jesu, als auch seine leere Grabstätte umfasst.

Jerusalem war aber nicht nur die Stadt, in der Jesus Christus gestorben und wiederauferstanden ist, hier würde er einst, zum Jüngsten Gericht, noch einmal vom Himmel herabsteigen. Augustinus (354–430) hatte Jerusalem als die Stadt des „endzeitlichen Friedens" bezeichnet, und es galt dem gesamten mittelalterlichen Abendland als mystisches Zentrum der Welt. Dieses „himmlische Jerusalem" aus den Händen der Ungläubigen zu befreien, war in den Augen vieler

Jerusalem, die Heilige Stadt

Die Grabeskirche

Teilansicht der Grabeskirche in Jerusalem

Noch heute ist die Grabeskirche in Jerusalem das bedeutendste Heiligtum der Christenheit. Der heutige Bau, eine spätromanische Basilika, erhebt sich an der Stelle, an der unter Kaiser Konstantin dem Großen (um 272–337) zwischen 326 und 355 die erste Kirche über der überlieferten Grabstätte Jesu errichtet worden war. Sie wurde von den Kreuzfahrern erbaut und 50 Jahre nach der Eroberung Jerusalems am 15. Juli 1149 geweiht. Nach der Eroberung Jerusalems durch Saladin ließ er die Kirche unversehrt, um sie dann später für 40.000 Goldbyzantinier an die syrischen Christen zurückzuverkaufen. Mehrfach wurde die Kirche seitdem zerstört, doch der heutige Bau entspricht noch immer dem spätromanischen Bau der Kreuzfahrerzeit.

Sechs christliche Konfessionen teilen sich seit 1852 den Besitz der Grabeskirche: die römisch-katholische und die griechisch-orthodoxe Kirche sowie die Armenier, die Kopten, die Syrer oder Jakobiten und die Äthiopier. Sie alle haben versucht, so nahe wie möglich an die heiligen Stätten heranzukommen, sodass eine Vielzahl von Kapellen und Altären den Kirchenraum füllt.

1981 wurde die Grabeskirche zusammen mit der gesamten Altstadt von Jerusalem von der UNESCO zum Weltkulturerbe ernannt.

Teilnehmer des Ersten Kreuzzugs das eigentliche Ziel ihrer Reise.

Seit 638 war es in den Händen der Muslime gewesen, wenngleich es meist auch den christlichen Pilgern offen gestanden war. Dennoch spielte der Gedanke, die Stadt aus den Händen der Ungläubigen zu „befreien“, stets eine entscheidende Rolle. Dies war auch einer der Gründe für die Brutalität, mit der die Kreuzfahrer gegen die Muslime vorgingen, und für die Ablehnung einer friedlichen Einnahme der Stadt, wie sie Friedrich II. erreicht hatte.

Die Tempelritter

Auch nach der Eroberung des Heiligen Landes und der Gründung des Königreichs Jerusalem kehrte im Heiligen Land kein Friede ein. Die christlichen Eroberer befanden sich weit in der Unterzahl, tatsächlich gesichert waren lediglich die befestigten Städte und Burgen. Die ehemaligen Landesherren hingegen konnten sowohl bei der Rekrutierung ihrer Gefolgsleute als auch beim Nachschub von Lebensmitteln oder Waffen unmittelbar auf ihre Ressourcen zurückgreifen. Aufgrund der jahrelangen Auseinandersetzungen mit den muslimischen Nachbarn war das Land verwüstet und meist nur dünn besiedelt. Überall, vor allem an den Handels- und Pilgerstraßen zwischen den Häfen und den Städten im Landesinneren, lauerten Räuber und Wegelagerer. Außerdem waren gerade bei den einfachen Pilgern Geld und Ausrüstung bald aufgebraucht, viele von ihnen hatten für die Fahrt ins Heilige Land ihr gesamtes Hab und Gut in der Heimat veräußert. Für ihre Versorgung ebenso wie für die Sicherheit der Straßen musste von anderer Stelle aus gesorgt werden.

Zwar gab es in Jerusalem bereits einige Hospize, in denen arme und kranke Pilger betreut wurden, doch dem ständig wachsenden Strom von Wallfahrern waren auch sie auf Dauer nicht gewachsen. So kam es zur Gründung einer kleinen Gemeinschaft von Rittern, die nur wenige Jahrzehnte später eine der mächtigsten Organisationen des Abendlandes werden sollte.

Die Gründung des Templerordens

Aus der Gründungszeit des Templerordens sind nur wenige zeitgenössische Dokumente erhalten. Viele der Schriften, auf die sich die Historiker bei der Rekonstruktion der Ereignisse stützen, stammen aus späterer Zeit. Zu ihnen gehören die *Historia rerum in partibus transmarinis gestarum* (Die Geschichte der Ereignisse in Übersee) von Wilhelm von Tyrus (um 1130–86) sowie die *Orientalis et occidentalis Historia* (Die Ge-

schichte des Ostens und des Westens) und die *Historia Hierosolymitana* (Die Geschichte Jerusalems) in den *Gesta Dei per Francos* (Die Taten Gottes durch die Franken) von Jakob von Vitry (um 1160–1244), der Papst Innozenz III. (ca. 1160–1216) auf dem Fünften Kreuzzug in das Heilige Land begleitete und dort von 1216 bis 1225 Bischof von Akkon war.
Die wichtigsten Quellen sind das *Liber ad milites Templi de laude novae militiae* (Buch an die Tempelritter zum Lobe der neuen Ritterschaft) von Bernhard von Clairvaux (um 1090–1153), der auch die Ordensregeln der Templer verfasste, und außerdem natürlich die päpstlichen Bullen.
Ein weiteres Problem ist die genaue Datierung der damaligen Ereignisse, die bis heute umstritten ist. Dies resultiert aus der Tatsache, dass das Kirchenjahr zu dieser Zeit im Gegensatz zum „normalen" Jahr nach dem sogenannten Annuntiationsstil berechnet wurde und deshalb erst am 25. März, dem Tag der Verkündigung durch den Erzengel Gabriel, begann. Verschiedene Forscher, unter ihnen Rudolf Hiestand, vertreten deshalb die These, dass u. a. das Konzil von Troyes am 13. Januar 1128 nach unserer Zeitrechnung erst ein Jahr später stattfand. Da einige weitere Ereignisse wie die Gründung des Templerordens in manchen Quellen explizit auf das Konzil von Troyes bezogen werden, ist eine genaue Datierung auch hier nicht möglich.

Die Anfänge

Um das Jahr 1119 – schon hier sind sich die Historiker nicht einig, denn die verschiedenen Quellen nennen die Jahre 1118, 1119 und 1120 als Gründungsdatum – schlossen sich nach verschiedenen Überlieferungen in Jerusalem neun Ritter zusammen, um die Pilger vor den Überfällen auf den Straßen des Heiligen Landes, insbesondere auf dem Karawanenweg durch die Wüste zwischen Jaffa und Jerusalem, zu schützen. Ihre Anführer waren Hugo von Payens und Gottfried von Saint-Omer. Als die sieben weiteren Ritter werden in verschiedenen Quellen Archibald von Saint Amand, Gottfried Bisol, Payen von Montdidier, Roland, Gudfried, Gundomar und Andreas von Montbard genannt. Ein Brief Ivos, des Bischofs von Chartres, an Hugo, den Grafen der Champagne, einen Vetter von Hugo von Payens, aus dem Jahr 1115, in dem eine „Militia Christi" erwähnt wird, lässt andererseits vermuten, dass der erste Zusammenschluss zu einer Schutzgemeinschaft vielleicht doch schon früher stattfand. Zunächst handelte es sich bei dem Zusammenschluss der neun Ritter nur um eine freie Gemeinschaft auf laikaler Basis. Noch waren sie

weit entfernt von der Gründung eines Ordens mit geistlichem Charakter.
Auf dem Konzil von Nablus am 16. Januar 1120 brachten sie ihr Anliegen dann vor König Balduin II. († 1131) von Jerusalem und legten vor ihm und vor Garimond, dem Patriarchen von Jerusalem, einen Eid ab, mit dem sie ihr Leben dem Schutz der Pilger weihten und sich zugleich den Regeln des heiligen Benedikt (Armut, Keuschheit und Gehorsam) verpflichteten. Balduin II. überließ ihnen auf dem Tempelberg, dort wo einst der Tempel Salomons gestanden hatte, den Ostflügel des ehemaligen Königspalastes als Quartier. In Anspielung auf ihren Sitz nannten sie sich fortan Pauperes commilitones Christi templique

! Die Al-Aksa-Moschee

Die Al-Aksa-Moschee auf dem Tempelberg

Die Al-Aksa-Moschee auf dem Tempelberg in Jerusalem ist eines der höchsten Heiligtümer der Muslime, nach der Al-Haram-Moschee mit der Kaaba in Mekka und der sogenannten Prophetenmoschee, der Al-Masjid al-Nabawi in Medina mit dem Grab des Propheten Mohammed.
Sie entstand wahrscheinlich erst nach dem Felsendom Anfang des 8. Jahrhunderts durch den Umbau einer christlichen Basilika durch die Umayyaden. Die silberne Kuppel, die ihr bis heute ihr charakteristisches Aussehen gibt, erhielt die Moschee allerdings erst bei ihrem Wiederaufbau durch den Fatimidenherrscher Ali Az-Zahir (1005–36) nach dem großen Erdbeben im Jahr 1033.
Bis zu seiner Zerstörung durch Titus (39–81), den Sohn des damaligen Kaisers Vespasian (9–79), im Jahr 70 im Krieg gegen die Römer hatte an der gleichen Stelle der zweite jüdische Tempel gestanden, von dem nur die Westmauer, die heutige Klagemauer, erhalten geblieben ist.
Nach der Eroberung Jerusalems 1099 nutzten die Kreuzfahrer die Moschee zunächst als Königspalast, bevor sie neben dem Davidsturm einen neuen Palast errichteten. In der Al-Aksa-Moschee erhielten auch Hugo von Payens und seine Mitstreiter ihr Quartier zugewiesen und bauten sie bis 1129 zu einer Festung um.
Nach der Rückeroberung Jerusalems ließ Saladin (um 1138–93) 1187 das Gebäude wieder in eine Moschee umwandeln.

Salomonici Hierosalemitanis, die „Armen Brüder Christi vom Tempel Salomons zu Jerusalem“.
Hugo von Payens (um 1080–1136) gilt als der eigentliche Gründer des Templerordens und wurde auch dessen erster Großmeister. Er entstammte einer adligen Familie aus der Champagne und war wahrscheinlich bereits 20 Jahre vor der Ordensgründung als Teilnehmer des Ersten Kreuzzugs mit dem Heer Gottfried von Bouillons erstmals in das Heilige Land gekommen. Um das Jahr 1100 kehrte er wieder in seine Heimat zurück.
Dort heiratete er eine Tochter aus dem Hause Montbard, aus dem sowohl Andreas von Montbard (um 1103–56), einer der neun Ordensgründer und 1153–56 selbst Großmeister des Ordens, als auch Bernhard von Clairvaux stammten. Aus dieser Verbindung hatte Hugo von Payens auch einen Sohn, Theobald, der 1139 Abt des Klosters Sainte-Colombe in Troyes wurde und als Teilnehmer des Zweiten Kreuzzugs ebenfalls das Heilige Land besuchte. 1104 und 1114 kehrte Hugo als Pilger nach Palästina zurück, wo er sich nach seiner zweiten Pilgerreise endgültig niederließ.
Über die ersten Jahre, die Hugo von Payens und seine Gefolgsleute als Laienbruderschaft auf dem Tempelberg verbrachten, ist kaum etwas bekannt. Bereits hier beginnen die Spekulationen über die wirklichen Beweggründe der Templer. Ihr wirkliches Ziel soll nach Auffassung mancher Auto-

Balduin II. übergibt den Tempel Salomons an Hugo von Payens und Gottfried von Saint-Omer

ren die Suche nach der Bundeslade, dem verschollenen Heiligtum der Juden, gewesen sein. Nur zu diesem Zweck soll Hugo, der von seiner ersten Pilgerreise geheime Schriftrollen mit in die Heimat gebracht und sie dort entziffert haben soll, wieder nach Jerusalem zurückgekehrt sein.

Tatsache ist, dass weder Berichte über irgendwelche Aktivitäten der Templer zum Schutz der Pilger noch über die Rekrutierung weiterer Mitglieder für ihre Bruderschaft existieren. Mit einer Ausnahme: 1125 schloss sich Hugo I. von Champagne, ein Vetter Hugo von Payens´ und zugleich einer der mächtigsten Lehensmänner des französischen Königs, den Templern an.

Historiker vermuten bereits seit Langem, dass der Grund für die Tatenlosigkeit der Templer in den ersten Jahren eine grobe Fehleinschätzung ihrer Möglichkeiten gewesen ist, denn es war schlichtweg unmöglich, mit einer Miliz von neun Mann den Schutz der Pilger auf ihrer 80 Kilometer langen Reise von der Küste durch die Wüste bis nach Jerusalem zu gewährleisten. Ebenso leicht ist der fehlende Zulauf von neuen Brüdern zu erklären. Noch waren die Templer nicht als Orden anerkannt. Sie besaßen keine offizielle Ordensregel und hatten auch noch nicht den Segen der Kirche erhalten. Zudem mussten die erforderlichen Neuzugänge in der Heimat angeworben werden, denn nur von dort konnte die notwendige Unterstützung auch in Form von Geld und Waffen kommen. Im Abendland jedoch waren die Templer noch weitgehend unbekannt.

Tatkräftige Unterstützung erhielt Hugo von Payens auch in dieser Hinsicht von Balduin II. Allmählich hatten sich die muslimischen Nachbarländer der Kreuzfahrerstaaten von dem Schock der Niederlage im Ersten Kreuzzug erholt, und vor allem von den Buriden, einer türkischen Dynastie, die 1104–54 in Damaskus herrschte, drohte eine immer größer werdende Gefahr. Der König verfügte nur über wenige ausgebildete Truppen und hätte diszipliniert militärische Unterstützung

Bernhard von Clairvaux verfasste die Ordensregel der Tempelritter

gut gebrauchen können. Seine Bitten um Unterstützung aus dem Abendland waren ohne Ergebnis geblieben und so ruhten seine Hoffnungen jetzt auf der Zukunft der Tempelbruderschaft.
So bat Balduin II. Étienne de la Fierté, den Patriarchen von Jerusalem, sich bei Papst Honorius II. (um 1060–1130) um die Anerkennung der Tempelritter als Ordensgemeinschaft zu bemühen. Zugleich wandte sich Hugo von Payens an Bernhard von Clairvaux, der damals schon eine der einflussreichsten Persönlichkeiten des christlichen Abendlandes war, mit der Bitte, ihn bei der Verfassung einer geeigneten Ordensregel zu unterstützen.

! Das Ideal des christlichen Ritters

Bereits seit der Gottesfriedensbewegung in der ersten Hälfte des 11. Jahrhunderts gab es eine neue Form des Ritters: den Miles Christi. Unter dem „Gottesfrieden“, dem Pax Dei, bzw. der Treuga Dei, verstand man einen zeitlich befristeten Waffenstillstand, der ursprünglich an Zeiten religiöser Feiertage eingehalten und in einem kirchlichen Dekret aus dem Jahr 1027 zur Einschränkung kriegerischer Handlungen neu manifestiert wurde. Das Dekret wurde erlassen, um die Zivilbevölkerung und die Kirchen vor den Übergriffen des Adels zu schützen.
Grundlage für den Erlass war ein kanonischer Rechtssatz, der kriegerische Auseinandersetzungen zwischen dem Sonnenuntergang am Samstag und dem Sonnenaufgang am Montag verbot und nun auf jegliche gewaltsame Handlung ausgeweitet wurde. Um 1040 wurde der Gottesfrieden auf die Zeit zwischen Mittwochabend und Montagmorgen ausgedehnt. Die Verletzung des Gottesfriedens wurde mit der Exkommunikation bestraft. Von Frankreich aus verbreitete sich die Gottesfriedensbewegung bald auch in Italien und Deutschland. Auf dem Laterankonzil von 1179 wurde ihre Gültigkeit für die ganze westliche Welt verkündet.
Der Gottesfriede wurde von sogenannten Friedenswächtern, den Paziern, überwacht. Den Begriff des „Soldaten Christi“ aber gab es schon bei Paulus, er wurde zunächst als Metapher für Märtyrer oder Gläubige verwendet, die ihr Leben dem Kampf gegen das Böse widmeten. Erst viel später stand er für die Kämpfer, die im Dienste der Kirche deren irdische Feinde bekämpften.
In der Nachfolge dieser Milites Christi sind die geistlichen Ritterorden zu sehen. Sie vereinigten in sich sowohl die monastischen als auch die ritterlichen Prinzipien. Mit ihnen wurde das neue Ideal des christlichen Ritters geboren.

Hugo von Payens war sich dabei ebenso wie Balduin II. sehr genau bewusst, dass diese Regel einen vorher noch nicht da gewesenen Spagat zwischen klerikaler und profaner Welt, zwischen Ritterschaft und Mönchstum darstellen würde, wie auch aus einem Empfehlungsschreiben Balduins an Bernhard hervorgeht: „Die Ordensregel der Templer möge so sein, dass sie für Männer geeignet ist, die in den Wirren des Krieges leben, und doch auch wiederum so, dass sie für die christlichen Fürsten, die für den Orden wertvolle Verbündete sind, annehmbar sind.“

Das Konzil von Troyes

Mit dem Entschluss, die Bruderschaft der Tempelritter offiziell von der Kirche als geistlichen Ritterorden bestätigen zu lassen, begann der Aufstieg der Templer zu der mächtigen und ruhmvollen Organisation, als die sie beinahe 200 Jahre lang im ganzen Abendland bekannt waren. Und mit der Werbereise Hugo von Payens', die er deshalb durch einige Teile Europas unternahm, werden auch die Daten, die über ihr Wirken erhalten geblieben sind, immer zahlreicher.

Ende 1127 kehrten mindestens sechs der Ritter, die sich 1119 zu der Tempelbruderschaft zusammengefunden hatten, unter ihnen auch Hugo von Payens und

Innenansicht der Kathedrale St. Pierre et St. Paul in Troyes

Gottfried von Saint-Omer, nach Frankreich zurück. Ihre Reise wurde von Balduin II., der sie obendrein mit einem Empfehlungsschreiben ausgestattet hatte, finanziell unterstützt.

Der Hauptzweck ihrer Reise war es, eigene Ordensregeln zu erhalten und damit auch die Anerkennung des Papstes als mönchischer Ritterorden zu bekommen.

Als nun am 13. Januar 1128 in Troyes ein Konzil stattfand, war endlich die Gelegenheit gekommen, den Entwurf für das Regelwerk des geplanten Templerordens vorzutragen. Welche anderen Punkte auf der Tagesordnung standen, ist nicht bekannt, doch die Templerfrage war sicher nicht

? Schon gewusst?

Kathedrale von Troyes

Troyes war auch in geistiger Hinsicht ein Zentrum der damaligen Zeit. Viele bedeutende Kirchenmänner hatten hier oder in der Umgebung gewirkt, unter ihnen nicht nur Bernhard von Clairvaux, sondern u. a. auch Stephan Harding (um 1059–1134), einer der Mitbegründer des Zisterzienserordens. Auch Schlomo Ben Jizchak (1040–1105), einer der bedeutendsten jüdischen Gelehrten des Abendlandes, der unter dem Namen Raschi bekannt war, lebte hier. Sein Kommentar zum Talmud wird auch heute noch in den Neuausgaben des Talmuds abgedruckt.
Troyes war außerdem die Geburtsstadt von Chrétien de Troyes (ca. 1140–90), dem Verfasser einer der frühesten Geschichten über Perceval und die Suche nach dem Heiligen Gral.

das einzige Thema, denn es handelte sich um eine regionale Kirchenversammlung der Prälaten aus Burgund und der Champagne, wie sie in unregelmäßigen Abständen immer wieder abgehalten wurden.
Die Wahl des Versammlungsortes erwies sich als mehr als günstig für Hugo von Payens und seine Anhänger. Troyes, eine alte Bischofsstadt mit keltischer und römischer Vergangenheit, liegt in der Champagne, nicht weit vom Geburtsort von Hugo von Payens entfernt. Gleichzeitig lag hier der Hof von Hugo, dem Grafen der Champagne, der seit 1125 ebenfalls Mitglied der Templergemeinschaft war. Man kannte sich, und Hugo von Payens hatte gewissermaßen ein Heimspiel.
Hugo von Payens hatte die Zeit zwischen seiner Ankunft in Frankreich und dem Konzil in Troyes nicht ungenutzt verstreichen lassen, sondern bei jeder Gelegenheit für seine Bruderschaft die Werbetrommel gerührt. Und so wurden seine Ausführungen über die Absichten und Gepflogenheiten der „Armen Brüder Christi vom Tempel Salomons zu Jerusalem“ mit Spannung erwartet. Auf die Fürsprache Bernhard von Clairvauxs hin erhielt Hugo, obwohl er selbst nur ein Laie war, sogar die Erlaubnis, seine Vorstellungen bezüglich der geplanten Ordensregeln selbst vorzutragen.

Die schwierige Lage im Heiligen Land war allgemein bekannt und so sah trotz der zahlreichen Abweichungen vom gewohnten Regelwerk eines Ordens keiner der Konzilsväter einen Grund, den Templern die Anerkennung als geistlicher Orden zu verweigern. Die für die formelle Anerkennung des Ordens notwendige Zustimmung des Papstes wurde von Kardinal Matthias von Albano erteilt, den Papst Honorius II. auf Bitten des Patriarchen von Jerusalem und Bernhards von Clairvaux als seinen Legaten nach Troyes geschickt hatte.
Von nun an durften sich die Tempelritter Ordo Militiae Christi Templi Hierosolymitani bzw. Militia Templi Christi pauperum Militum Ordo, „Orden der (armen) Ritter Christi vom Tempel zu Jerusalem“, nennen.
Zugleich sollte Bernhard von Clairvaux im Auftrag der Konzilteilnehmer die Ordensregeln der Tempelritter nach den Vorstellungen Hugo von Payens' ausformulieren. Dabei war Bernhard selbst am Anfang noch gar nicht so überzeugt von dem neuen Ritterorden. Er, der später einer seiner größten Förderer werden sollte und ihm mit seiner Schrift *Liber ad milites templi de laude novae militiae,* dem *Buch an die Tempelritter – Lobrede auf das neue Rittertum,* ein begeistertes Zeugnis ausstellte, hatte noch im gleichen Jahr in einem Brief eine klare Stellungnahme zugunsten der Weltentsagung

! Das Lob des neuen Rittertums

Bereits 1130 oder 1131 veröffentlichte Bernhard von Clairvaux seine *Lobrede auf das neue Rittertum.* Innerhalb kürzester Zeit hatte sich die anfängliche Skepsis des Kirchenmannes in uneingeschränkte Begeisterung für die Templer verwandelt. Ihr Lobpreis entwickelte er vor allem aus der Gegenüberstellung mit der weltlichen Ritterschaft, die keine „militia“, sondern eine „malitia“, eine „Pest“, sei. „Wenn Krieg droht, rüsten sie sich innerlich mit ihrem Glauben, äußerlich aber mit Eisen und nicht mit Gold“. Bernhard rechtfertigte den militärischen Einsatz der Mönchsritter als Heiligen Krieg, obgleich er noch immer die Gewalt als Lösung von Meinungsverschiedenheiten ablehnte. Als Grund für Bernhards raschen Meinungsumschwung wird seine persönliche Begegnung mit Hugo von Payens und dessen engsten Mitstreitern angesehen, deren tiefer Glaube und deren idealistische Hingabe ihn tief beeindruckt haben müssen. Als weiterer Grund wird aber auch vermutet, dass Bernhard das ungeheure Machtpotenzial des Ordens erkannte und es auch in seinem Sinne nutzen wollte.

der Mönche gegenüber der bewaffneten Wallfahrt in das Heilige Land abgegeben. Bei dem Eintritt seines Freundes Hugo von Champagne in die Tempelbruderschaft 1125 hatte er sogar deutlich seine Enttäuschung darüber geäußert, dass dieser nicht dem Zisterzienserorden beigetreten war.
Allein schon die Tatsache, dass Bernhard von Clairvaux die Ordensregeln niederschrieb, war in den Augen der breiten Öffentlichkeit aber Beweis genug, dass es sich bei dem neuen Mönchsrittertum um ein gottgefälliges Unternehmen von höchster Wichtigkeit handelte.
Nach dem Ende des Konzils machten sich Hugo von Payens und seine Ritter auf, um in Frankreich neue Mitglieder für ihren Orden zu werben und um Schenkungen zu bitten. Hugo durchquerte auf seiner Werbetour nicht nur die Champagne, Burgund und die Normandie, er setzte sogar nach England über und reiste bis nach Schottland hinauf. Großes Interesse erregte der Templerorden aber auch in Belgien und Flandern.
Eine der ersten Schenkungen kam von Fulko V. (1092–1143), dem Grafen von Anjou, Tours und Maine, der bereits 1120 auf einer Pilgerreise das Heilige Land besucht hatte. Balduin II. hatte dem Witwer die Hand seiner Tochter Melisende (ca. 1105–61) und mit ihr die Herrschaft über das Heilige Land nach seinem Tod angeboten. Fulko nahm die Hand Melisendes an, übergab seine Besitztümer in Frankreich seinem ältesten Sohn, Gottfried V. dem Schönen (1113–51), und reiste zusammen mit den Tempelrittern ins Heilige Land, wo er nach dem Tod Balduins II. 1131 zum König von Jerusalem gekrönt wurde.

Hochzeit von Fulko V. und Melisende

Als Anführer eines Heeres, darunter auch 300 Ritter aus den bedeutendsten Familien Frankreichs, und versehen mit reichen Schenkungen an Geld, Gütern und Ländereien, kehrte Hugo von Payens ein Jahr später in das Heilige Land zurück.
Am 29. März 1139 veröffentlichte Papst Innozenz II. (vor 1116–43), ein ehemaliger Zisterziensermönch und Schüler Bernhards von Clairvaux, in seiner Bulle *Omne datum optimum* die endgültige Approbation des Templerordens und die damit verbundenen Privilegien, die eine weite-

re entscheidende Grundlage für den beispiellosen Aufstieg des Ordens bildeten.

Der Orden der Tempelritter erhielt die absolute Souveränität gegenüber allen weltlichen Herrschern, aber auch gegenüber Bischöfen und Erzbischöfen und war nur noch dem Papst unterstellt.

Auch der Patriarch von Jerusalem, dessen Gerichtsbarkeit die Templer bis dahin unterstellt gewesen waren, hatte nun keinerlei Einflussmöglichkeit mehr auf sie. Ihre eigenen Geistlichen durften ihnen von nun an die Sakramente erteilen, und sie wurden nicht nur vom Zehnten, der Abgabe von zehn Prozent ihrer Einnahmen, befreit, sondern erhielten obendrein die Erlaubnis, auf ihrem eigenen Land selbst den Zehnten zu erheben.

In der Bulle wurde gleichzeitig die innere Struktur des Ordens genauer festgelegt, und die Stellung der Niederlassung in Jerusalem als Haupthaus des Ordens wurde festgeschrieben.

Weitere Zugeständnisse an den Orden, u. a. das Abhalten heiliger Messen in Gebieten, die sich im Interdikt befanden, in denen also als Strafe für schwere Vergehen vorübergehend keinerlei sakrale Handlungen durchgeführt werden durften, und die Erlaubnis zum Bau eigener Kirchen, wurden in den Bullen *Milites Templi* 1144 von Coelestin II. († 1144) und *Militia Dei* 1145 von Eugen III. († 1153) gemacht.

! Die Großmeister der Templer

Während der knapp 200 Jahre seines Bestehens standen dem Templerorden 23 Großmeister vor.
Hugo von Payens (1118–36)
Robert de Craon (1136–47)
Everard von Barres (1147–51)
Bernard de Tromelai (1151–53)
Andreas von Montbard (1153–56)
Bertrand de Blanquefort (1156–69)
Philipp von Nablus (1169–71)
Eudes de Saint-Amand (1171–79)
Arnaud de Toroga (1179–84)
Gérard de Ridefort (1184–89)
Robert de Sablé (1189–93)
Gilbert Erail (1193–1200)
Philippe de Plessiez (1201–09)
Guillaume de Chartres (1210–18)
Pierre de Montaigu (1219–32)
Armand de Périgord (1232–44)
Richard de Bures (1244–47)
Guillaume de Sonnac (1247–50)
Renaud de Vichiers (1250–52)
Thomas Bérard (1252–73)
Guillaume de Beaujeu (1273–91)
Theobald Gaudin (1291–1292)
Jacques de Molay (1292–1314)

Mönche und Ritter

Das Nebeneinander von Rittertum und Mönchtum war eine grundlegende Neuerung innerhalb der geistlichen Orden. Dementsprechend unterschieden sich auch die Strukturen eines rein klerika-

len Ordens von denen eines geistlichen Ritterordens in vielen Dingen.
Autoren des 12. Jahrhunderts wie Petrus Venerabilis (um 1094–1156), der die erste lateinische Koranübersetzung in Auftrag gab, und sein Schüler Richard von Cluny (ca. 1110–73) beschreiben den Templerorden eindeutig als Mönchsorden, während Wilhelm von Tyrus und Jakob von Vitry in ihren Chroniken über den lateinischen Osten berichten, die Templer hätten ein Leben „more canonicorum“, nach den Regeln der Kanoniker, also im Gegensatz zu anderen Priestern ein Leben in Gemeinschaft geführt.
Enge Beziehungen unterhielten die Tempelritter auch zu zwei kanonikalen Einrichtungen der Heiligen Stadt: zum Kapitel der Chorherren vom Heiligen Grab und zum Kapitel vom Tempel, die in den ersten Jahren, als die Templer noch keine eigenen Priester hatten, bei ihnen die seelsorgerischen Aufgaben übernommen hatten.
Ein reguliertes Kanonikertum, dessen Grundlagen die „Vita communis“ und die „Vita activa“, das gemeinsame und aktive Leben, bildeten, und die Augustinerregel mit ihren drei Geboten der Armut, der Keuschheit und des Gehorsams boten der neuen Gemeinschaft, die von den ritterlichen Idealen wie Solidarität und Gemeinschaft geprägt waren, eine adäquate Lebensform. Mit dieser Verbindung von ritterlichen und klerikalen Idealen stellten sie auch für die Gesellschaft im Heiligen Land etwas Neuartiges dar.
Die Struktur des Templerordens ähnelte derjenigen der Zisterzienser, zu denen auch Bernhard von Clairvaux gehörte. Doch im Unterschied zu den übrigen Mönchsgemeinschaften war der Templerorden in **drei Stände** gegliedert, die streng voneinander getrennt waren und zwischen denen es, ähnlich wie in der mittelalterlichen Sozialordnung, keine Auf- oder Abstiegsmöglichkeit gab.
An oberster Stelle standen die Ritter, die fratres milites (die **„kämpfenden Brüder“**), die von adliger Herkunft sein mussten. Sie trugen den typischen weißen Mantel, der ab 1145 mit dem roten Tatzenkreuz geschmückt war. Die fratres servientes (die **„dienenden Brüder“**) stellten die Knappen und auch die Herolde und trugen schwarze Mäntel. Auch sie verrichteten den Dienst an der Waffe, kämpften aber aufgrund ihrer leichteren Bewaffnung und ihrer geringeren Erfahrung nicht an vorderster Front, sondern im zweiten Glied.
Als fratres famuli et officii (die **„arbeitenden Brüder“**) wurden alle übrigen Angehörigen des Ordens, die Landarbeiter, Reitknechte, Handwerker etc., bezeichnet.

Interpretation eines Templers in der Ordenstracht der dienenden Brüder

Sie trugen blaue oder braune Ordenskleidung. Später kamen als vierter Stand noch die fratres capellani (die **„betenden Brüder"**) hinzu. Sie fungierten als Priester des Ordens, ihnen oblagen sämtliche geistlichen Aufgaben wie das Abhalten des Gottesdienstes oder das Abnehmen der Beichte. Sie waren die einzigen Mitglieder des Ordens, die niemals zur Waffe greifen mussten.

Ob man dem Stand der kämpfenden oder der dienenden Brüder zugeordnet wurde, richtete sich im Wesentlichen nach der Mitgift, die das neue Mitglied bei seiner Aufnahme in den Orden mitbrachte. Deshalb konnten fast nur Adlige in den Rang eines vollwertigen Ritters, der über drei eigene Pferde verfügen musste, gelangen. Auch konnten normalerweise nur sie eine entsprechende Ausbildung im Waffenhandwerk nachweisen, die zu der Erfüllung der Aufgaben eines Ritters befähigte. Aus diesen Gründen kam auf zehn dienende Brüder nur ein voll ausgerüsteter Ritter.

Wirkliches Ansehen genossen nur die kämpfenden und die betenden Brüder. Die arbeitenden Brüder dagegen führten wie alle Mitglieder des niedrigsten Standes im Mittelalter ein mühseliges Leben. Sie waren als Lohnarbeiter, fronpflichtige Bauern oder gar als Leibeigene für alle anfallenden Arbeiten zuständig, ihre rechtliche Stellung variierte dabei je nach den Gepflogenheiten der entsprechenden Region. In Palästina wurden sogar die gefangenen Muslime als Sklaven gehalten. Die arbeitenden Brüder legten kein Ordensgelübde ab und mussten sich damit auch nicht dem Gebot der Keuschheit unterwerfen.

Es gab aber auch zahlreiche Leute, die sich dem Orden anschließen wollten, ohne sofort in ihn einzutreten und die Gelübde ablegen zu müssen. Auch für diese Form der Unterstützung fanden die Tempelritter eine Möglichkeit, denn sie waren im Gegensatz zu einem klerikalen Orden auf eine möglichst große Zahl an Mitgliedern bzw. an Helfern angewiesen.

Als sogenannter „Donat“ konnte man sich selbst dem Orden „schenken“, wodurch man aber nicht sofort ein Ordensmitglied wurde, sondern sich lediglich die Möglichkeit offenhielt, jederzeit das Gelübde ablegen zu können. Den Rang des Donaten gibt es auch heute noch im Malteserorden, bei dem man sich ebenfalls nur verpflichtet, nach den Regeln des Ordens zu leben und sich für seine Ziele einzusetzen, ohne jedoch ein Gelübde abzulegen.
Selbst Frauen konnten sich für die Templer engagieren, indem sie den Rang eines „Confraters“, eines „Mitbruders“, einnahmen. Sie traten allerdings nicht in den Orden ein, dessen Regeln ja den Umgang mit Frauen ablehnten, sondern unterstützten seine Aktivitäten eher auf der Basis eines Mäzenatenkreises.

Jacques de Molay, der letzte Großmeister des Templerordens

An der Spitze des Ordens stand der **Großmeister.** Er wurde auf Lebenszeit vom Generalkapitel gewählt und hatte oberste Entscheidungskraft sowohl im Frieden als auch im Krieg. Ihm waren alle Ordensmitglieder zu absolutem Gehorsam verpflichtet, „wie wenn es durch göttliche Weisung angeordnet wäre“. Nach dem Tod eines Großmeisters im Krieg oder bei seiner Gefangennahme übernahm der Grand Commandeur bis zum Amtsantritt des neuen Großmeisters dessen Aufgaben. Der Vertreter des Großmeisters war der **Seneschall**, dessen Aufgabenbereich ansonsten im zivilen und administrativen Bereich lag. Für die kriegerischen Handlungen war der **Marschall** zuständig, der die Truppen im Kampf befehligte und sich in Friedenszeiten um die Pferde und die Ausrüstung sowie um die Disziplin der kämpfenden Brüder kümmerte. Der Drapier sorgte für die Zuteilung der passenden Kleidung an die Ritter und die übrigen Ordensmitglieder. Zu seinen Aufgaben gehörte aber auch die Weitergabe abgelegter Kleidung an die Armen. Ein Schatzmeister, der **Commandeur du Royaume**, verwaltete nicht nur die Gelder, sondern betreute auch die Ritter, die gerade aus Europa eingetroffen waren.
Im ersten Jahr nach ihrer offiziellen Anerkennung als ritterlicher Orden wandten sich die Templer

bei ihrem Bestreben, neue Mitglieder anzuwerben, ausdrücklich auch an exkommunizierte Ritter. Das Problem, das sich aus dieser willkürlichen Art der Rekrutierung ergab, erkannte bereits Bernhard von Clairvaux und er versuchte, es in seiner Lobrede auf das neue Rittertum durch eine allgemeine Läuterung der fragwürdigen Charaktere während ihrer Fahrt in das Heilige Land zu entschärfen.

Bernhard von Clairvaux

Später dagegen achteten die Templer sehr wohl darauf, dass nur noch Adlige mit gutem Leumund aufgenommen wurden, da Bernhard in seinen Ordensregeln ausdrücklich vor dem Umgang mit Exkommunizierten gewarnt hatte. Der Bewerber musste willens sein, „der Welt zu entsagen“, und musste sich einer Probezeit unterziehen, deren Dauer der Großmeister abhängig vom bisherigen Lebenswandel des Bewerbers individuell festlegte. Wer dem Orden beitreten wollte, musste auch bereits ein gewisses Alter erreicht haben, die Aufnahme unmündiger Knaben lehnte Bernhard ausdrücklich ab. Er musste von seinen Eltern oder Verwandten „bis zu den Jahren, in denen er mit bewaffnetem Arm die Feinde Christi vom Heiligen Land vertreiben kann“, aufgezogen werden, um so sicherzustellen, dass das Ordensgelübde in vollem Bewusstsein abgelegt und nicht später zurückgezogen wurde.

Geregelt war aber auch, was geschehen sollte, wenn sich einer der Ordensritter etwas zuschulden hatte kommen lassen. Vorrang hatten zunächst die Bemühungen, den Übeltäter durch „gütige Ermahnungen“ und „für ihn ausgebreitete Gebete“, notfalls auch durch „schärfere Strafen“ auf die rechte Bahn zurückzubringen. Als letztes Mittel blieb aber auch der Ausschluss aus dem Orden.

Das Templerheer bestand im Durchschnitt aus 300–500 Rittern. Zusammen mit den dienenden Brüdern waren es also wohl kaum jemals mehr als 6000 Ordensmitglieder, die sich gleichzeitig unter dem Banner der Armen Ritter vom heiligen Tempel versammelten. Denn obgleich das

Ansehen und der Ruhm der Tempelritter in allen Kreisen höchste Bewunderung erregte, war es nicht jedermanns Sache, für immer der Welt zu entsagen und sich ganz in den Dienst Gottes zu stellen.
Um ihr Heer zu verstärken, mussten die Templer deshalb auch Nichtmitglieder rekrutieren. Nach den Ordensregeln war es möglich, der Bruderschaft auch nur vorübergehend beizutreten. Als Tempelritter auf Zeit verpflichtete man sich nur für einen vorher vereinbarten Zeitraum, während dem man jedoch den Gelübden der Armut, der Keuschheit und des Gehorsams sowie allen Ordensregeln ebenso wie ein Vollmitglied unterworfen war. Auf diese Weise konnten viele kampferprobte und abenteuerlustige Männer gewonnen werden, die sich sonst keinesfalls der Sache des Ordens verschrieben hätten.
Daneben verpflichteten die Tempelritter aber auch reine Söldner, die zwar dem Marschall unterstanden, aber am geistlichen Leben des Ordens nicht teilnahmen. Es handelte sich bei ihnen um eine berittene Gruppe leicht gepanzerter Bogenschützen, die aufgrund ihrer Kampfweise, die sie von den Türken übernommen hatten, Turkopolen genannt wurden. Anfangs mussten die Turkopolen noch christlicher Abstammung sein, in späteren Jahren wurde jedoch auf diese Voraussetzung verzichtet.

Jerusalem war die wichtigste Interessensphäre der Tempelritter

Im Mittelpunkt des Templerordens stand das Heilige Land mit der Stadt Jerusalem. Als sein Einflussgebiet jedoch immer mehr wuchs, wurde es nötig, es in Provinzen und Komtureien mit einer gewissen Eigenständigkeit vor allem in lokalen Fragen aufzuteilen, an deren Spitze jeweils ein eigener Meister stand. Mit „(Groß-) Meister", „Präzeptor", „Komtur", „Kommandeur" und noch einigen anderen Titeln wurden, obwohl sie ursprünglich nicht ganz die gleiche Bedeutung hatten, mit der Zeit all diejenigen Tempelritter bezeichnet, welche die oberste leitende Funktion im jeweiligen Verwaltungsgefüge hatten. Dies konnte eine Ordensprovinz, eine Komturei oder aber der gesamte Orden sein. Der Titel allein sagte also noch nichts über die tatsächliche Machtfülle eines „Meisters" aus, seinen Rang in der Ordenshierarchie konnte man nur im Zusammenhang mit dem Bereich, über den er herrschte, erkennen.

Das Leben im Orden

Der Tagesablauf in den Komtureien war streng vorgegeben. Er ist leicht zu rekonstruieren, denn die gesamten, von Bernhard von Clairvaux ausformulierten Ordensregeln, die aus vier Büchern bestehen, sind bis heute erhalten geblieben. Die Ordensregeln wurden im Lauf der 200 Jahre mehrfach überarbeitet. Die älteste Version ist die lateinische von 1128/29, in ihrer französischen Fassung ist sie dann bereits deutlich weiter ausgearbeitet. Zwischen 1160 und 1170 kamen einige Zusatzartikel, sogenannte Retraits, hinzu.

Die Sammlung der Ordensregeln, die Bernhard nach dem Konzil von Troyes dem Entwurf von Hugo von Payens entsprechend ausarbeitete, umfasste 72 Kapitel. Von Anfang an waren diese Regeln nicht als unveränderlich gedacht. Die Ordensregel schließt mit den Worten: „Alle obigen Vorschriften und alles, was in dieser Regel geschrieben steht, wird dem Belieben und dem Willen des Meisters anheimgestellt." Damit gab Bernhard von Clairvaux von vornherein die Möglichkeit ihrer Anpassung an veränderte äußere Umstände.

Neben den Regeln zum Tagesablauf der Ordensritter bildeten vor allem Regeln zum Ordenseintritt und zu den drei wichtigen Kardinaltugenden Armut, Keuschheit und Gehorsam den Inhalt des Regelbuches. Der Templerorden war zwar ein Ritterorden, der seine Hauptaufgaben auf militärischem Gebiet sah, doch das Regelwerk war in erster Linie für den Ordensalltag in den Komtureien gedacht.

Im Mittelpunkt des Ordensalltags standen Gottesdienst und Gebet. Die Teilnahme am Gottesdienst nach kanonischer Regel war Pflicht, ebenso die Stundengebete, die Vesper und die Matutin, das aus mehreren Psalmen, Hymnen und Lesungen bestehende Nachtgebet, das zwischen Mitternacht und dem frühen Morgen gebetet wurde und heute nur noch bei monastischen Orden wie den Benediktinern oder Zisterziensern üblich ist.

Da die Tempelritter aufgrund ihrer militärischen Ausrichtung jedoch oft Aufgaben außerhalb ihrer Komturei zu erledigen hatten, wurde zugleich festgesetzt, wie sich die Ordensbrüder während einer Reise oder während eines Kampfeinsatzes zu verhalten hatten.

In allen Bereichen des Lebens wie auch der religiösen Betätigung stand die Gemeinschaft im Vordergrund.

Auch das Essen sollte gemeinsam, aber schweigend eingenommen werden, während beim Mittag- und Abendessen stets heilige Lesungen vorgetragen wurden. Andauerndes Fasten wie bei Mönchsorden gehörte dagegen nicht zu den Regeln der Tempelritter, da ihre körperliche Verfassung für die Erfüllung ihrer Aufgaben als Ritter entscheidend war. Dreimal pro Woche, am Dienstag, Donnerstag und Sonntag, waren ihnen Fleischspeisen erlaubt, sonntags sogar mit doppelter Ration. An den übrigen Tagen wurden ihnen „zwei oder drei Gerichte von Hülsenfrüchten oder anderen Speisen eine oder sogenannte gekochte Zuspeise", freitags eine Fastenspeise gereicht. Der zehnte Teil des Brotes wurde als Almosen an die Armen gegeben. Auch der Genuss von Wein war den Tempelrittern erlaubt, jedoch die Menge war rationiert auf „ein gleich großes Maß Wein" für jeden, auch sollte sie nicht zu groß sein, denn „der Wein bringt sogar die Weisen zum Abfall".

Kleidung und Haartracht waren ebenfalls vorgeschrieben. Bei beidem waren Einfachheit und Reinheit ebenso wichtig wie der Verzicht auf individuellen Schmuck.

Ein gemeinsames Leben stand an erster Stelle, nur in Ausnahmesituationen wie bei Krankheit oder geschäftlichen Aufträgen war ein Abweichen davon erlaubt. Der Orden wurde mit der Aufnahme zur neuen Familie des Ritters, private Kontakte zu Personen seines früheren Lebens durften nur noch mit Erlaubnis des Großmeisters aufrechterhalten werden, Briefe und Geschenke mussten der Gemeinschaft vorgewiesen werden.

Da die Templer als Ritterorden neben dem Gottesdienst auch weltliche Aufgaben hatten, unterschied sich ihr Leben natürlich auch von dem der monastischen Orden. Sie verfügten über persönlichen Besitz, wenn auch innerhalb festgelegter Grenzen. Jeder Ritter besaß drei Pferde (für die Reise, das Gepäck und den Kampf), deren Sättel und Zaumzeug jedoch völlig schmucklos sein mussten. Ebenso waren Schmuck und Zierrat an Waffen und Schilden verboten. Koffer und Reitsack durften in der Gemeinschaft nicht verschlossen werden. Für den Waffendienst verfügte jeder Ritter obendrein über einen Knappen, der ihm persönlich unterstellt war.

Trotz ihres kriegerischen Handwerks war den Templern der Waffengebrauch zu ihrem Vergnügen verboten. Sie sollten „bescheiden und gesetzt ohne Lachen einhergehen, wenige und überlegte Worte sagen und kein Geschrei machen". Die Jagd war ihnen deshalb verboten. Die einzige Ausnahme hiervon war die Jagd auf Löwen, da diese für die Reisenden damals eine beinahe ebenso große

Gefahr darstellten wie Räuber und Wegelagerer.
Jeder Ritter des Templerordens musste das Keuschheitsgelübde ablegen. Dennoch war es auch möglich, als Verheirateter Mitglied des Ordens zu werden. Bedingung hierfür waren ein ehrbares Leben und das Versprechen, nach dem Tod die Hälfte des Vermögens dem Orden zu vermachen. Allerdings konnten sie nicht in den Rang eines Tempelritters aufsteigen und durften deshalb auch nicht das weiße Gewand und den weißen Umhang der Templer tragen.

Die Symbole der Templer

Wie andere Orden oder Vereinigungen hatten auch die Templer einige Zeichen und Symbole, die bis heute untrennbar mit dem Orden verbunden sind.
Das bekannteste davon ist zweifellos der **weiße Mantel mit dem roten Kreuz** auf der linken Seite, wie er uns von zahlreichen Abbildungen geläufig ist. Den einfachen weißen Mantel trugen die Tempelritter von Anfang an als Zeichen der Armut. Zugleich aber war die weiße Farbe ein Zeichen der Reinheit. Schon Bernhard von Clairvaux begründet dies in den Ordensregeln damit, dass die Tempelritter auf diese Weise zu erkennen geben sollten, „dass sie, die ihr dunkles Leben hinter sich gelassen haben, durch ihr lauteres und lichtes Leben sich mit ihrem Schöpfer versöhnt haben. Was ist die weiße Farbe anderes als die reine Keuschheit?“ Der weiße Mantel war ausdrücklich den Rittern vorbehalten, der Missbrauch dieses Attributes war aber offensichtlich bereits in der Anfangszeit des Ordens an der Tagesordnung, denn Bernhard spricht ebenfalls von „Schmach und Schande“, die dem Orden von „falschen Brüdern“, die sich durch das Tragen von weißer Kleidung als Ordensritter ausgegeben hatten, zugefügt worden waren.
Das charakteristische rote achtspitzige Tatzenkreuz auf weißem Grund ist dagegen erst seit dem 27. April 1147 mit dem Templerorden verbunden. Auf einer in Paris einberufenen Ordensver-

Tempelritter mit weißem Mantel und Templerkreuz

sammlung erlaubte Papst Eugen III. den Tempelrittern als erstem Orden überhaupt das dauerhafte Tragen des Kreuzes auf der Herzseite ihrer Kleidung.

Das Kreuz der Templer

Das rote Kreuz mit den acht Spitzen auf weißem Grund sollte noch lange nach dem Ende des Templerordens ein Zeichen für Wagemut und gleichzeitiges Gottvertrauen bleiben. Es wurde in leicht veränderter Form zum Symbol des 1318 als Nachfolgeorden der Templer in Portugal gegründeten Christusordens und schmückte die Segel von Kolumbus' Schiffen ebenso wie die von Vasco da Gama und von anderen großen Entdeckern.

Ebenso wichtig waren die Farben des „baucent", der **Standarte** der Templer. Die Zweiteilung der Standarte in Weiß und Schwarz versinnbildlichte die zwei Seiten im Verhalten der Tempelritter. Sie war weiß, „weil sie gegen die Freunde Christi freundlich und gut sind", und schwarz, „weil sie seinen Feinden düster und schrecklich sind". Das Tragen der Standarte bedeutete immer Kampf oder Krieg. Das Amt des Standartenträgers war während des Kampfes eines der wichtigsten und verantwortungsvollsten Ämter überhaupt, das sich jeweils fünf bis zehn Ritter teilten. Sie bildeten einen lebenden Schutzwall für ihr Banner, das stets hoch emporgehalten werden musste. Auch bei größter Gefahr war es nicht erlaubt, den Schaft der Standarte als Waffe zu benutzen. Wer dennoch die Standarte senkte, um sein Leben zu verteidigen, wurde mit dem Verlust des Mantels und damit mit dem Verlust seiner Ehre und seiner Ordenszugehörigkeit bestraft.

Auf der Standarte stand auch der **Leitspruch** der Templer geschrieben: „Non nobis, domine, non nobis, sed nomini tuo da gloriam" – „Nicht uns, Herr, nicht uns, sondern deinem Namen gib Ehre", den sie aus dem 115. Psalm entlehnt hatten.

Das **Siegel des Templerordens** existierte in drei Varianten. Das älteste und am häufigsten verwendete zeigte zwei gepanzerte Ritter gemeinsam auf einem Pferd, ein Bild, dessen Bedeutung bis heute nicht eindeutig geklärt ist. Das Bild ist von der Inschrift „Sigillum militum Christi", „Das Siegel der

Soldaten Christi“, umgeben. Zum Teil als Zeichen der Armut der „Armen Ritter vom Tempel Christi“ interpretiert, diente es den Anklägern der Inquisition später als Hinweis auf die angebliche Homosexualität der Templer. Beide Deutungen erscheinen allerdings mehr als zweifelhaft. Die Templer waren nicht einmal in ihren Anfängen so arm, dass sich zwei Ritter ein Pferd hätten teilen müssen, was bei einer Vereinigung mit kriegerischem Hintergrund auch ziemlich unsinnig gewesen wäre. Bereits die Ordensregeln schrieben vor, dass jeder Tempelritter drei Pferde, ein Reitpferd, ein Packpferd und eines für den Kampf, besitzen sollte. Der Vorwurf der Homosexualität hingegen konnte nicht einmal während des Prozesses gegen die Templer aufrechterhalten werden. Eine Deutung des Bildes als Symbol des Zusammenhaltes der Ritterschaft, für Brüderlichkeit und Einigkeit kommt seinem Sinn sicherlich näher, genau wie seine Deutung als Symbol für die Vereinigung der beiden grundlegenden Seiten jedes Templers: Ritter und Mönch.

Siegel des Templerordens

Das offizielle Siegel des Großmeisters dagegen zeigte eine Kuppel, die auf einem Säulenbau ruht und von der Inschrift „De templo Christi“ umgeben ist und wohl entweder die Grabeskirche oder den Tempel Salomons darstellt – beides zentrale Bauten in der Geschichte des Ordens. Erstmals wurde das Siegel von Bertrand de Blanquefort, dem sechsten Großmeister des Ordens, verwendet.

Das dritte Siegel aber hat die Fantasie seiner Interpreten am meisten angeregt. Schon die Inschrift „Secretum templi“, „Das Geheimnis des Tempels“, ist Wasser auf die Mühlen derjenigen, die noch immer nach einer Geheimlehre der Tempelritter suchen. Doch wäre es wohl nicht sehr sinnvoll, geheime Schriften mit einem Siegel zu kennzeichnen, durch das die Aufmerksamkeit etwaiger Spione sofort auf sie gezogen würde. Anlass zu weiteren Spekulationen gibt aber auch die Figur in der Mitte des Siegels, eine merkwürdige, schlangenfüßige Gestalt mit dem Kopf eines Hahnes. Eine der gewagtesten Spekulationen über diese Figur ist wohl die These Jacques de Mahieus aus dem Jahr 1979, der sie für das Abbild eines

federgeschmückten südamerikanischen Indianers hielt und dies als Beweis dafür ansah, dass die Tempelritter bereits vor Kolumbus Amerika entdeckt hatten.
Eine andere Interpretation, der die meisten seriösen Forscher folgen, stammt von dem russisch-litauischen Symbolisten und Humanisten Jurgis Baltrušaitis. Bereits vor Baltrušaitis wurde die Figur von vielen Forschern als das Bild des spätantiken Abraxas identifiziert, eines vielgestaltigen Wesens mit Schild und Peitsche, das ein Symbol des „Herrn aller Zeiten", des Weltenschöpfers und Erlösers und Teil der griechisch-orientalischen Gnosis ist. Baltrušaitis vermutete nun, dass diese sogenannten Abraxasgemmen, die in Griechenland und dem Orient sehr verbreitet waren und in mehreren Komtureien der Templer als Siegel verwendet wurden, als Geschenke von Kreuzfahrern und Pilgern nach Frankreich gekommen waren.
Auch die im wahrsten Sinn des Wortes geheimnisvolle Inschrift ist auf diese Weise leicht zu erklären. Die antiken Steine waren im 13. Jahrhundert so beliebt, dass man immer öfter dazu überging, sie als Gegen- oder zusätzliches Siegel, als sogenanntes „contrasigillum secreti" zu verwenden.
Seit dem Beginn des 13. Jahrhunderts sind außerdem verschiedene private Siegel mit unterschiedlichen Bildern und Inschriften, die nur von einzelnen Tempelrittern verwendet wurden, überliefert.

Die geistlichen Ritterorden

Die Templer waren nicht der einzige Ritterorden im Heiligen Land. Bis zur Mitte des 13. Jahrhunderts entstand mehr als ein Dutzend Ritterorden, die sich über das ganze christliche Europa ausbreiteten. Allen Ritterorden gemeinsam war die zweifache Erfüllung der christlichen Nächstenliebe nach den Kriterien der damaligen Zeit: der militärische Schutz anderer Christen und der karitative Dienst in den Hospitälern.
Eine der wichtigsten Voraussetzungen für die Entstehung der geistlichen Ritterorden war die Christianisierung der Ritter im Verlauf des 11. Jahrhunderts, in dem sie sich von teilweise brutalen Vertretern ihrer persönlichen Interessen zu Schützern des Gottesfriedens als Milites Christi gewandelt hatten. Ohne die Akzeptanz dieser Neuorientierung vieler Ritter durch die Kirche wäre eine formale Bestätigung der Tempelritter als geistlicher Orden nicht möglich gewesen. Grundlage für die meisten geistlichen Ritterorden wurden die Regeln der Zisterzienser und der Regularkanoniker, sie orientierten damit die Regeln ihres eigenen Ordens an denen des heiligen Benedikt bzw. des heiligen Augustinus.

Der entscheidende Faktor für die Gründung der geistlichen Ritterorden war jedoch die Situation vor Ort. Die Zustände im Heiligen Land oder in anderen Grenzgebieten des Christentums wie z. B. auf der Iberischen Halbinsel, die ständige Bedrohung durch Andersgläubige, durch „Feinde der Christenheit“, ließen die Umwandlung der karitativen Bruderschaften in militärische Vereinigungen geradezu zu einer Notwendigkeit werden.

Schon gewusst?

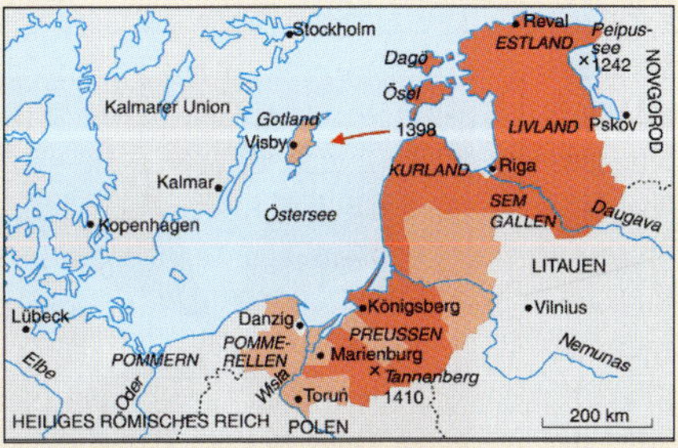

Ausbreitung des Deutschen Ordens im Mittelalter

Geistliche Ritterorden entstanden nicht nur im Heiligen Land. Sie waren eine Erscheinung in allen bedrohten Grenzregionen des Christentums. So entstanden die meisten geistlichen Ritterorden Europas auf der Iberischen Halbinsel, wo noch immer die Kämpfe der Reconquista tobten. Die vier bedeutendsten Orden dort waren die Orden von Calatrava, Alcántara, Santiago und Avís. Der älteste von ihnen ist der Orden von Calatrava. Als im Jahr 1158 die nur wenige Jahre zuvor durch König Alfons VII. von León und Kastilien (um 1104–57) zurück eroberte Burg Calatrava erneut an die Mauren zu fallen drohte, schlossen sich einige Zisterziensermönche und Laien zu einer ersten militärischen Bruderschaft zur Verteidigung der Burg zusammen, die 1187 ihre eigene Ordensregel erhielt. Auch die anderen drei großen spanischen Orden entstanden auf militärischer Basis.

Ein anderes Zentrum geistlicher Orden war der Ostseeraum. Zu Beginn des 13. Jahrhunderts entstanden dort u. a. der Schwertbrüderorden und der Orden von Dobrin. Das Motiv ihrer Gründung war die Verteidigung der dort ansässigen Christen gegen die heidnischen Völker des Baltikums. Das Baltikum sollte auch das wichtigste Betätigungsfeld eines der bedeutendsten geistlichen Ritterordens überhaupt werden, des Deutschen Ordens, der allerdings während der Belagerung von Akkon Ende des 12. Jahrhunderts im Heiligen Land gegründet worden war.

Die Verbindung von christlichem Leben und bewaffnetem Kampf stellte jedoch zunächst etwas völlig Neuartiges dar. Immer wieder kam es zu Kritik, nicht nur außerhalb, sondern sogar innerhalb der Orden, die bis zum Ende des Mittelalters nie ganz verstummte.

Der größte Unterschied im Selbstverständnis der Orden resultierte aus ihren Gründungsumständen. Während einige Orden von Beginn an den Kampf in den Mittelpunkt ihres Wirkens stellten, gingen andere aus karitativen Einrichtungen hervor. Der Prototyp einer hauptsächlich aus militärischen Erwägungen entstandenen Bruderschaft sind die Tempelritter. Für sie spielte der Dienst an den Armen und Kranken eine wesentlich geringere Rolle, obgleich auch sie zahlreiche Hospitäler unterhielten.

Alle geistlichen Ritterorden waren im Heiligen Land präsent. Nach dem Verlust Jerusalems 1187 mussten allerdings zahlreiche Orden den Sitz ihres Mutterhauses verlegen, wodurch ihre Tochterhäuser in Europa, die zunächst nur der Beschaffung von Geldern und Nachschub für das Mutterhaus gedient hatten, an Bedeutung gewannen. Die Zahl dieser europäischen Niederlassungen war bei den verschiedenen Orden unterschiedlich groß, ihr Netz reichte von Portugal bis nach Polen und von Schottland bis nach Sizilien. Am weitesten verbreitet war der Orden der Johanniter, während die Templer sich vor allem auf den westlichen Mittelmeerraum und Italien sowie England konzentrierten.

Die meisten geistlichen Ritterorden verloren nach dem Ende der Kreuzzüge an Bedeutung. Einige von ihnen gibt es jedoch auch heute noch.

Ordensflagge der Johanniter

Die frühesten Ursprünge des **Johanniterordens** gehen weiter zurück als die der Tempelritter. Ordenspatron ist Johannes der Täufer, das Ordenssymbol ist das achtspitzige weiße Kreuz. Bereits mehrere Jahrzehnte vor dem Ersten Kreuzzug, zwischen 1048 und 1071, errichteten Kaufleute aus Amalfi in Jerusalem das Hospital St. Johannis zu Jerusalem, das von einer Laienbruderschaft geleitet wurde.

Nach der Eroberung Jerusalems 1099 durch das Kreuzfahrerheer schlossen sich einige Ritter den Laienbrüdern an; der Status als Hospitalbruderschaft, die sich um arme und kranke Pilger kümmerte, blieb jedoch zunächst noch erhalten. Erst 1113 gelang es Meister Gerhard (ca. 1090–1120), dem Vorsteher des Hospitals, von Papst Paschalis II. († 1118) ein Schutzprivileg zu erhalten, in dem bereits sieben Filialhospitäler in Italien und Südfrankreich erwähnt wurden. Meister Gerhard war es auch, der den bis heute gültigen Leitsatz des Johanniterordens formulierte: „Unsere Bruderschaft wird unvergänglich sein, weil der Boden, auf dem diese Pflanze wurzelt, das Elend der Welt ist und weil, so Gott will, es immer Menschen geben wird, die daran arbeiten wollen, dieses Leid geringer, dieses Elend erträglicher zu machen."

Unter Raimund de Puy (1120–60), Meister Gerhards Nachfolger, vollzog sich dann der Wandel der Johanniter von einer Laienbruderschaft zu einem geistlichen Ritterorden. Der Ruf des Ordens verbreitete sich schnell in ganz Europa, sein Reichtum dürfte dem des Templerordens nahegekommen sein. Während aber die Templer ihre Besitzungen hauptsächlich in Frankreich, auf der Iberischen Halbinsel und in England zentrierten, waren die Güter der Johanniter gleichmäßig über ganz Europa verteilt. Nach dem Verlust des Heiligen Landes 1291 wurde zunächst Limassol auf Zypern, dann Rhodos zum Hauptsitz des Ordens. 1530 wurden die Johanniter von Kaiser Karl V. (1500–58) mit Malta belehnt.

Ehemaliges Krankenhaus der Johanniter auf Rhodos

Der heutige evangelische Johanniterorden entwickelte sich aus der seit 1351 nachgewiesenen Balley Brandenburg. Seit 1696 stammt der Herrenmeister der Johanniter stets aus dem Hause Preußen. Der Mittelpunkt des Johanniterordens ist heute die Balley Brandenburg in Potsdam. Sie ist Sitz der Führungsorgane des Ordens, des Kapitels mit dem Herrenmeister SKH Dr. Oskar Prinz von Preußen, seinen Stellvertretern und der Ordensregierung. Um sie herum sind die Genossenschaften und Kommenden angegliedert. Der Orden ist Träger der 1952 gegründeten Johanniterunfallhilfe. Neben den karitativen Aufgaben in Deutschland und Europa engagieren sich die Johanniter auch in Afrika, Lateinamerika und Asien. Seit 1947 ist der Johanniterorden Bestandteil der Evangelischen Kirche in Deutschland.

Auch wenn der Orden seit 1948 auch Nichtadlige aufnimmt, so stammen doch bis heute etwa zwei Drittel der 3900 Mitglieder aus dem Adel. Noch immer sind die Aufnahmekriterien, die sich aus der Ordensregel, der Satzung und der Tradition ergeben, streng. Eine Bewerbung um die Aufnahme ist nicht möglich, ein neues Ordensmitglied wird ausgewählt und in dieses Amt berufen.

Auch der **Malteserorden** ging aus dem Ritter- und Hospitalorden vom heiligen Johannes zu Jerusalem hervor. Sein Leitsatz ist „Tuitio fidei et obsequium pauperum", „Bezeugung des Glaubens und Hilfe für die Bedürftigen". Auch er ist weltweit karitativ engagiert, in Deutschland ist er mit mehr als 600 Einrichtungen vertreten. Seit 1834 befindet sich der Sitz des Ordens in Rom, sein Oberhaupt ist der 79. Fürst und Großmeister Fra` Matthew Festing (*1949).

Fra' Matthew Festing, amtierender Großmeister des Malteserordens

Mehr als 12.500 Ritter und Damen gehören dem Malteserorden an, die ausnahmslos aufgrund ihrer untadeligen moralischen und christlichen Haltung sowie ihrer Verdienste um den Orden in ihn berufen worden sind. Als einziger geistlicher Orden ist der Malteserorden auch heute noch souverän; er hat eine eigene Rechtsordnung, besitzt das Münzrecht und unterhält, während er selbst politisch neutral und unparteiisch ist, zu mehr als 100 Ländern diplomatische Beziehungen.

Nach den Johannitern und den Templern war der **Deutsche Orden** („Fratres domus hospitalis sanctae Mariae Teutonicorum in Jerusalem", der „Orden der Brüder vom Deutschen Haus St. Marien in Jerusalem"), der auch als Deutschherrenorden bekannt ist, der drittgrößte Ritterorden im Heiligen Land. Er wurde 1190 im Zuge des Dritten Kreuzzugs während der Belagerung von Akkon von Bremer und Lübecker Kaufleuten zunächst als Hospitalbruderschaft gegründet. Zu einem geistlichen Ritterorden mit den Aufgaben und Pflichten der Kreuzritter wurde er erst 1198. Zum Ordenszeichen wurde das schwarze Kreuz auf weißem Grund, der Grundsatz lautete: „Helfen, wehren, heilen." 1221 wurde der Deutsche Orden den Johannitern und den Templern durch Papst Honorius III. (1148–1227) gleichgestellt.

Sehr bald jedoch verlegte der Deutsche Orden seinen Tätigkeitsbereich wegen der Vormachtstellung der beiden anderen großen Orden vom Heiligen Land weg nach Norden. Unter seinem Hochmeister Hermann von Salza (um 1170–1239) folgte er 1225 einem Hilferuf Herzog Konrads von Masowien (ca. 1187–1247) gegen den baltischen Volksstamm der Pruzzen.

In der Goldenen Bulle von Rimini erhielt der Orden 1226 von Kaiser Friedrich II. (1194–1250) das Recht zugebilligt, nach der Unterwerfung und Missionierung des Baltikums die eroberten Gebiete als Eigentum des Ordens behalten zu dürfen.

Hauptsitz des Deutschen Ordens im polnischen Marienburg

Nach dem Verlust Akkons 1291 wurde der Hauptsitz des Ordensstaates mit dem Sitz des Hochmeisters zunächst nach Venedig und 1309 in die Marienburg an der Nogat verlegt. Mit der Säkularisation Anfang des 19. Jahrhunderts verschwand der Deutsche Orden aus Deutschland, wohin er erst 1945 mit Ordensmitgliedern aus dem Sudetenland zurückkehrte. Heute ist der Deutsche Orden eine Körperschaft des öffentlichen Rechts und gemäß seinem Ordensmotto als Träger in der Alten-, Behinderten-, Sucht- und Jugendhilfe tätig. Sein Hauptsitz in Deutschland ist das oberbayerische Weyarn, seit 1948 ist das Deutschordenshaus in Wien der internationale Sitz. Die karitative und seelsorgerische Tätigkeit des Ordens erstreckt sich bis nach Mittelamerika und Südostasien.

Die längste Tradition hat allerdings der Orden des Heiligen Lazarus zu Jerusalem aufzuweisen. Bereits um das Jahr 370 pflegte eine christliche „Bruderschaft des Heiligen Lazarus“ in einem Spital vor den Mauern der Stadt Aussätzige. Später stand das Haus auch den Pilgern offen, bevor die Bruderschaft in einen geistlichen Ritterorden umgewandelt wurde, der jedoch im Gegensatz zu den großen Orden nicht souverän, sondern stets von den französischen und spanischen Landesfürsten abhängig war. Das Hauptaugenmerk der Bruderschaft lag auf der Krankenpflege, doch bildete sie trotz ihrer geringen Zahl auch im Kampf eine nicht zu unterschätzende Unterstützung des christlichen Heeres, wenn die selbst an Lepra erkrankten Mitbrüder als „lebende Tote“ unter ihren Gegnern Angst und Schrecken verbreiteten. Für den Kampf gegen die Lepra engagiert sich der Orden noch heute.

Wappen des Lazarusordens

Noch viele weitere Ritterorden wie der um 1190 gegründete englische Orden des Heiligen Thomas von Akkon, der Jakobusorden oder die Antoniter entstanden während der Kreuzzugszeit, doch keiner von ihnen konnte eine größere Bedeutung erlangen.
Selbst nach der Zeit der Kreuzzüge entstanden noch weitere Orden, die sich vorwiegend im Heiligen Land betätigten. Zu ihnen gehört auch der **Orden vom Heiligen Grab zu Jerusalem**, dessen Leitspruch „Deus lo vult“ und dessen Zeichen das fünffache rote „Jerusalemkreuz“ ist.

Gottfried von Bouillon mit dem Jerusalemkreuz auf der Brust

Er entstand aus der Tradition, sich nach einer Wallfahrt ans Heilige Grab von den Franziskanern, die auf päpstliches Geheiß zu dessen Wächtern bestimmt sind, zum Ritter schlagen zu lassen. Mit über 22.000 Rittern und Damen weltweit gehört der Orden vom Heiligen Grab zu den größten geistlichen Ritterorden der heutigen Zeit. Seine Hauptaufgabe sieht er in der Unterstützung der katholischen Kirche im Heiligen Land, in Israel ebenso wie in Jordanien, der Westbank und im Gazastreifen. In den geförderten sozialen Einrichtungen werden aber auch über konfessionelle Grenzen hinweg Hilfsbedürftige betreut.

Aufstieg und Niedergang

Die Entwicklung des Templerordens, sein kometenhafter Aufstieg zu Macht und Reichtum ebenso wie sein rascher Niedergang, ist so eng mit der Geschichte der Kreuzzüge ins Heilige Land verbunden, wie dies bei keinem anderen Ritterorden der Fall ist. Der Historiker Alain Demurger bezeichnet die Tempelritter sogar als

die „Treuhänder der Kreuzzugsidee“.
Der Gedanke von einer Vereinigung der beiden gesellschaftlichen Ideale von Mönch und Ritter traf in eine Zeit, die durch alle Bevölkerungsgruppen hindurch von einem Klima der religiösen Begeisterung durchdrungen war. Er musste als ein Idealbild erscheinen, das man, wenn man es in der Regel zwar nicht selbst erreichen konnte, doch auf jede erdenkliche Weise unterstützen musste. Doch während ihr religiöser Enthusiasmus und ihr geradezu sprichwörtlicher Mut und Kampfgeist die Templer im Heiligen Land auszeichneten und zur Grundlage ihres Ruhmes und ihres Ansehens wurden, waren es ganz andere Tugenden, mit denen die Mitglieder des Ordens in Europa zu ihrem Erfolg beitrugen. Die Organisation und die Verwaltung der über halb Europa und über alle sprachlichen Barrieren hinweg verteilten Besitzungen des Ordens, die Versorgung der Ritter im Heiligen Land mit Material und neuen Kämpfern stellten eine logistische Meisterleistung dar, die noch heute ihresgleichen sucht.
Doch mit dem Niedergang des Kreuzzugsgedankens, der den Mittelpunkt ihres Handelns bildete, war auch der Niedergang des Ordens vorgezeichnet, der nach dem Verlust des Heiligen Landes nie wirklich eine neue Heimat fand.

Aufstieg und Blütezeit

Der Aufstieg des Templerordens zu einer der mächtigsten und einflussreichsten Organisationen des christlichen Abendlandes, die souverän neben Kirche und Reich stand, begann mit dem Konzil von Troyes und dem triumphalen Werbezug Hugo von Payens´ und seiner Ritter durch Europa in den Jahren 1128 und 1129.
Bereits vor dem Konzil von Troyes hatten die Tempelritter verschiedentlich Geschenke erhalten, doch ihre Reise durch Europa nach der offiziellen Anerkennung durch die Kirche glich einem Triumphzug. Von allen Seiten schlossen sich Ritter, Adlige und Gemeine Hugo und den Seinen an, um ihr Leben in den Dienst des Ordens zu stellen, der den Lohn Gottes im Jenseits und zugleich Ruhm und Ehre auf Erden verhieß.
Während Hugo von Payens selbst bis nach England gereist war, hatte er seine Ritter vor allem in ihre Heimatregionen entsandt, deren Dialekt sie sprachen und wo sie ihre Verbindungen nutzen konnten. Aber nicht alle, die das neue Ideal des ritterlichen Mönchs bewunderten und verehrten, konnten oder wollten ihr gewohntes Leben, ihre Familie und ihre Heimat dafür aufgeben. Von ihnen kam Unterstützung, die für die Zukunft des Ordens ebenso wichtig war: die Schenkungen von Geld und Ländereien.

Zwei Jahre hatte die Mission Hugo von Payens´ im Abendland gedauert, während der er einige wenige Mitstreiter führerlos im Heiligen Land zurückgelassen hatte. Über die Ereignisse dieser Zeit, über etwaige Kämpfe oder andere Vorfälle, ist nichts bekannt. Den ersten militärischen Einsatz hatte der frischgebackene Ritterorden dagegen gleich nach seinem Eintreffen in Palästina.

Als Hugo von Payens 1129 mit seinem Heer in das Heilige Land zurückkehrte, stand ihm sogleich sein erster Kampfeinsatz bevor. König Balduin II. hatte ihn um Hilfe gegen die Buriden in Damaskus gebeten und so beteiligten sich die Templer gleich nach ihrer Ankunft an der Belagerung der Stadt. Diese erste militärische Aktion war jedoch ein regelrechtes Fiasko. Ein großer Teil der gerade erst angeworbenen Ritter fiel.

Doch dieser erste Rückschlag wurde rasch verwunden. Die Niederlage konnte der Begeisterung für den Orden keinen Abbruch tun, und die gelichteten

? Schon gewusst?

Sogar heute noch existiert der Titel des „Königs von Jerusalem". Gleich fünf verschiedene Personen erheben derzeit Anspruch auf diesen Titel, darunter der Wittelsbacher Franz von Bayern (*1933) und der spanische König Juan Carlos I. (*1938) aus dem Hause der Bourbonen. Da der Thronanspruch jedoch seit sieben Jahrhunderten nicht realisierbar ist, hat man darauf verzichtet, die tatsächlichen Erbansprüche zu klären.

Mit der Übernahme des Königstitels durch den Stauferkaiser Friedrich II. war der Thron von Jerusalem erstmals in der Hand eines Herrschers, dessen Hauptinteressen außerhalb des Heiligen Landes lagen. Auch seine Nachfolger, u. a. Konrad II. und Konradin von Hohenstaufen oder die Herrscher aus dem Hause Lusignan, waren nicht mehr nur mit dem Königreich Jerusalem verbunden, sondern hatten ihren Hauptsitz in Europa oder auf Zypern.

König von Jerusalem oder doch nur Franz von Bayern?

Die Templer in Spanien

Die Templerburg Ponferrada in Nordspanien

Die Templer waren auch bei der Reconquista, der Rückeroberung der Iberischen Halbinsel von den Mauren, aktiv. Diese Front wurde jedoch als zweitrangig angesehen, weshalb sich die spanischen und portugiesischen Provinzen auch eigenständig finanzieren und für neue Rekruten sorgen mussten. Von Anfang an hatte diese Abteilung des Ordens einen sehr nationalen Charakter. Ab 1169 machte sich der portugiesische Teil des Ordens nach dem Angebot des Königs, für sein Engagement in Portugal ein Drittel der eroberten Gebiete behalten zu dürfen, vom Stammhaus der Templer selbstständig und unterstellte sich stattdessen dem portugiesischen König. Durch ihre nationale Verbundenheit zu den umkämpften Gebieten war das Verhalten der Templer gegenüber den Besiegten hier ganz anders geartet als in Palästina. Im Vordergrund stand die Rückgewinnung der Herrschaft über die Iberische Halbinsel, nicht die Vernichtung der Andersgläubigen. Entsprechend durften maurische Siedler auch nach ihrer Niederlage im Land bleiben und sich an seinem Wiederaufbau beteiligen.

Reihen der Templer füllten sich schnell wieder auf. Viele weitere Kämpfe folgten, in denen sich der Ruf der Tempelritter als wagemutige Kämpfer an vorderster Front mit militärischen Erfolgen vereinte. Bedingungsloser Einsatz und ständige Präsenz machten die Tempelritter ebenso wie die übrigen Ritterorden zur wichtigsten Stütze des Königreichs Jerusalem; ihre Meister nahmen an den Versammlungen des Hofes teil und wurden bei allen wichtigen militärischen Entscheidungen vom König zurate gezogen. Dieser Einfluss verstärkte sich sogar noch in den Jahren nach dem Fall Jerusalems 1187, als die Könige immer seltener im Heiligen Land präsent waren.

Seitdem wurde die Herrschaft über das Heilige Land quasi von den Ritterorden gemeinsam mit dem Patriarchen von Jerusalem ausgeübt. Sie allein verfügten über eine stehende Armee und hielten zugleich die wichtigen

Festungen des Landes, wodurch das Fortbestehen der Kreuzfahrerstaaten auch nach der Rückkehr der Kreuzfahrer in ihre Heimat gewährleistet werden konnte. Aber auch in den großen Schlachten bildeten sie einen entscheidenden Faktor, auch wenn sie von den europäischen Kreuzfahrerheeren unterstützt wurden und nur einen kleinen Prozentsatz des Heeres stellten; denn sie kannten die Taktiken ihrer Gegner ebenso wie die geografischen Gegebenheiten, waren an die klimatischen Verhältnisse gewöhnt und zeichneten sich durch außerordentlichen Wagemut und gleichzeitige Disziplin und Übersicht aus. Dennoch starb mehr als die Hälfte aller Großmeister der Templer im Kampf, da sie stets in der ersten Reihe kämpften und auch ihre Opferbereitschaft legendär war.

Wie sehr sie von ihren Gegnern gefürchtet wurden, verdeutlicht die Tatsache, dass Saladin, der sich gegenüber den Christen meist milde zeigte, nach der Schlacht von Hattin laut einem Bericht des arabischen Chronisten Ibn al-Athir (1160–1233) alle gefangenen Templer und Johanniter enthaupten ließ, „weil sie die tüchtigsten Krieger unter den Franken waren“. Für einen nachhaltigen Widerstand gegen die übermächtigen Scharen der Muslime war ihre Zahl allerdings zu klein.

Neben dem militärischen Faktor war ihr weitreichender Besitz an Ländereien ein weiterer Grund für die Machtposition der Tempelritter im Heiligen Land.

Der Aufstieg zur Wirtschaftsmacht

Durch die Begeisterung in ganz Europa für die Tempelritter erhielt der Orden ab 1128 nicht nur großen Zulauf durch neue Ordensmitglieder, sondern er wurde auch mit zahlreichen Schenkungen versehen. Geld und Ausrüstungsmaterial wie Waffen und Nahrungsmittel konnten sofort für die Rückreise ins Heilige Land verwendet werden. Ein großer Teil der Schenkungen bestand jedoch aus Ländereien oder Privilegien in Europa und damit wurde Hugo von Payens vor eine neue Aufgabe gestellt, deren Bewältigung zur Grundlage des später ganz Europa umfassenden Verwaltungsnetzes des Templerordens werden sollte. Die Ländereien, die den Templern geschenkt worden waren, verteilten sich nicht nur über mehrere Länder, es handelte sich bei ihnen oftmals auch nur um kleine Flecken Land. Die Begeisterung für die kombattanten Mönche hatte alle Bevölkerungsschichten erfasst und nicht nur Fürsten und Adlige wollten ihren Teil zu ihrer Unterstützung beitragen. So handelte es sich bei dem gespendeten Land teilweise nur um einzelne Äcker

oder abgelegene Bauernhöfe. Eine Verwaltung für diesen weitverstreuten Grundbesitz innerhalb kürzester Zeit aus dem Nichts aufzubauen, stellte eine logistische Meisterleistung dar.
Um diese Aufgabe zu erfüllen, kehrten drei von Hugos engsten Vertrauten 1129 nicht mit ihm ins Heilige Land zurück. Payen von Montdidier, einer der Gründungsväter des Ordens, kümmerte sich als Meister von Frankreich und England um die Besitzungen des Ordens in Nordfrankreich und Großbritannien, während Hugo Ribaud und Raimund Bernard die Verwaltung der Ländereien in den Mittelmeerprovinzen des Languedoc und der Iberischen Halbinsel übernahmen.
Doch Payen von Montdidier und seine beiden Mitstreiter beschränkten sich nicht nur auf die bloße Verwaltung der Güter. Die Ländereien warfen teilweise kaum Ertrag ab, denn je kleiner ein Stück Land war, desto geringer war seine Rentabilität. Die vorrangige Aufgabe ihrer Verwaltungstätigkeit sahen die drei Templer deshalb zunächst in der Konzentration ihrer Güter. Sie verkauften den abgelegenen Kleingrundbesitz und investierten das Geld in neue Grundstücke, die sie nach Möglichkeit in direkter Nachbarschaft zu ihren größeren Ländereien erwarben oder gegen entsprechende Grundstücke eintauschten.

! Die Komtureien

Die Niederlassungen der Templer wurden Komtureien oder Kommenden genannt. Diese umfassten nicht nur den Konvent, sondern auch die Verwaltung der umliegenden, zum Kloster gehörigen Ländereien. Das Wort „Kommende" kommt aus dem Lateinischen („commendare" = „anvertrauen", „empfehlen"). Es ist ein Begriff aus dem Kirchenrecht und bezeichnet die treuhänderische Verwaltung und Weitergabe einer Pfründe an den Besitzer derselben.
An der Spitze einer Kommende stand der Komtur, der nicht nur die Bewirtschaftung der ihm unterstellten Zehnthöfe und Vogteien überwachte, sondern auch für die Versorgung aller weltlichen und geistlichen Mitglieder der Kommende und für die Betreuung durchreisender Ordensmitglieder zuständig war. Mehrere Kommenden bildeten eine „Ballei" oder „Balley", eine Ordensprovinz unter der Leitung eines Landkomturs.

Niederlassung der Templer im italienischen Perugia

Denn die landwirtschaftlichen Betriebe arbeiteten umso wirtschaftlicher, je größer die zusammenhängende Landfläche war.
Bereits für das Jahr 1128 ist der erste derartige Landtausch belegt, bei dem die Templer mit einer Zisterzienserabtei einige Äcker in Cérilly gegen andere, für sie günstiger gelegene in Coulours tauschten. Gleichzeitig gründeten die Templer auf ihren neuen Besitzungen Komtureien bzw. Kommenden, von denen aus sie das umliegende Land leichter verwalten konnten.
Nicht alle gespendeten Ländereien waren den Templern jedoch wirklich von Nutzen. Manche Spenden waren bloße Höflichkeitsgeschenke, und einige Adlige überschrieben dem Orden ihr unfruchtbares Brachland, um vor ihren Nachbarn, die Hugo von Payens mit großzügigen Spenden bedacht hatten, nicht in allzu schlechtem Licht dazustehen.
Von anderen Hintergedanken wurden jedoch viele Spender auf der Iberischen Halbinsel geleitet. Das Land war in weiten Teilen von den Mauren besetzt und so hofften viele der adligen Spender, auf diese Weise die Unterstützung der Tempelritter im Kampf gegen die Mauren erkaufen zu können. Großzügige Schenkungen wie die Überschreibung der Burg Soure und des Waldes von Cera durch Teresa, Gräfin von Portugal, aus dem Jahr 1128 mussten erst von ihren neuen Besitzern zurückerobert werden, bevor sie aus ihnen Nutzen ziehen konnten.
Dabei gingen die Spender sogar ziemlich unverblümt zu Werke, wie die Widmung in der Schenkungsurkunde der Grenzfestung Grañana aus dem Jahr 1130 beweist. Die Burg wurde den Templern „zur Verteidigung der Christenheit, dem Ziel entsprechend, für das der Orden gegründet wurde" überlassen. Insgesamt 36 derartige Schenkungen in Spanien und Portugal sind allein aus den ersten Jahren bis 1136 bekannt. Die Templer aber nahmen all diese Schenkungen an, obwohl sie ursprünglich die Auseinandersetzung mit den Muslimen an zwei Fronten gleichzeitig vermeiden wollten.
Neben der Verwaltung und Neustrukturierung der ordenseigenen Ländereien sahen sich Payen von Montdidier, Hugo Ribaud und Raimund Bernard bald einer weiteren Aufgabe gegenüber. Denn die europäischen Besitzungen mussten nicht nur verwaltet werden, ihre Erträge mussten auch zu Hugo de Payens ins Heilige Land transferiert werden.

Teresa, eine nicht ganz uneigennützige Wohltäterin der Templer

Schon gewusst?

Statue Alfons' I.

Die größte Schenkung, die den Tempelrittern jemals angetragen wurde, schlugen sie jedoch aus: das Königreich Aragon, dessen Territorium im Nordosten Spaniens eine Fläche von beinahe 58.000 Quadratkilometern hatte. Bereits im Jahr 1131 hatte der kinderlose König Alfons I. von Aragon und Navarra (1073–1134) die drei großen geistlichen Ritterorden des Heiligen Landes, die Templer, die Johanniter und den Orden vom Heiligen Grab, in seinem Testament zu seinen Universalerben bestimmt. Die tatsächlichen Gründe für diesen Entschluss können heute nicht mehr einwandfrei geklärt werden, doch es war wahrscheinlich sein Wunsch, die Verteidigung dieses Gebietes gegen die Mauren in die Hände unbestechlicher Kämpfer für das Christentum zu legen.
Auf einmal standen die Ordensritter also vor der Möglichkeit, ein Reich, anderthalbmal so groß wie die Schweiz, ganz nach ihren eigenen Vorstellungen zu errichten. Dennoch verzichteten sie gerade auf dieses Geschenk, denn das Annehmen hätte all ihre eigentlichen Ziele über den Haufen geworfen. Die Ordensgemeinschaften waren noch relativ jung, und sie hatten gerade erst damit begonnen, sich im Heiligen Land neu zu organisieren. Die Übernahme Aragons hätte im Gegensatz zu den kleineren Scharmützeln, die sie bisher mit den Mauren gehabt hatten, die Konzentration ihrer gesamten Kräfte auf der Iberischen Halbinsel über mehrere Jahrzehnte hinweg erfordert. Obendrein hatte das Testament bereits für einigen Ärger gesorgt. Alfons´ Bruder Ramiro hatte seinen Anspruch auf den aragonesischen Thron angemeldet, und auch der Papst als Lehensherr Aragons hatte andere Pläne mit dem Land.

Bei der Bewirtschaftung der Ländereien erhielten die Leiter der Komtureien vollständige Freiheit. Die Entscheidungen über Anbau und Viehhaltung konnte der Komtur ganz den regionalen Bedingungen und der jeweiligen Nachfrage anpassen. Den erwirtschafteten Gewinn führte die Komturei dann an die zuständige Provinzverwaltung des Ordens ab, die ihn nach Outremer weiterleitete. Auch diese Entscheidung, die in Palästina benötigten Nahrungsmittel und sonstigen Dinge nicht selbst herzustellen, sondern das erwirtschaftete Geld dorthin zu schicken und auf dem dortigen oder einem anderen günstigen Markt einzukaufen, zeugt vom Weitblick der Templer. Nicht nur ein immenser Planungsaufwand innerhalb der Komtureien konnte so vermieden werden, sondern es wurde auch ein großer Teil der Transportkosten eingespart.

Während der zwei Jahrhunderte ihrer Existenz nahm der Grundbesitz der Templer in Europa konstant zu, und zuletzt umfasste er etwa 15.000 Mitglieder und 9000 Besitzungen in ganz Europa. Im Gegensatz zu den Johannitern waren ihre Niederlassungen jedoch nicht gleichmäßig verteilt, sondern konzentrierten sich vor allem auf ihr Mutterland Frankreich, die Iberische Halbinsel und England. Weitere Besitzungen befanden sich in Italien und auch in Ungarn, da sich hier der Landweg nach Palästina befand und die Templer so ihrer ursprünglichen Aufgabe des Pilgerschutzes nachkommen konnten. Denn die Komtureien dienten stets auch als Übernachtungsmöglichkeit für reisende Pilger.

Auch in Deutschland besaßen die Templer einige Komtureien, u. a. in Mainz und Worms. Der Name des Stadtteils Tempelhof in Berlin erinnert auch heute noch an die ehemaligen Besitzungen der Tempelritter, und in der Nähe von Bad Kreuznach ist in Fürfeld noch heute eine Kapelle des Ordens zu sehen.

In Palästina hingegen war die Situation der Templer anders. Gerade in Kriegszeiten waren die Verluste hier enorm, sodass sie über eine maximale Stärke von etwa 500 Rittern und 5000 dienenden Brüdern trotz des zeitweise überaus starken Andrangs aus Europa niemals hinauskamen. Die Ländereien bekamen sie hier allerdings nicht geschenkt, sondern mussten sie entweder durch Eroberungen oder durch Kauf erwerben. Den

Templerstaaten in Outremer um 1140

ersten großen Zuwachs an Ländereien in Outremer erhielten die Templer kurz nach der Eroberung Edessas durch die Muslime im Jahr 1144. Viele Fürsten und auch kleinere Landbesitzer befürchteten weitere Erfolge der Muslime und verkauften ihren Besitz zu relativ günstigen Konditionen.
Doch nicht nur dem wirtschaftlichen Talent der Ordensvorsteher und der Großzügigkeit der Spender hatten die Tempelritter das rasche Anwachsen ihres Vermögens zu verdanken. Ihre Ausgaben für Unterhalt, Ausrüstung und Ausbau ihrer Truppen und Befestigungsanlagen kosteten ein Vermögen. Sie waren so enorm, dass die Ressourcen selbst bei optimaler Ausschöpfung auf Dauer nicht ausgereicht hätten.
1139 trug deshalb Papst Innozenz II. in seiner endgültigen Approbation des Ordens auch diesem Umstand Rechnung und befreite ihn nicht nur von allen damals üblichen Steuern und Abgaben. Er ging sogar noch einen Schritt weiter und übertrug den Templern in seiner Bulle *Omne datum optimum* das Recht, den Zehnten auf ihren Ländereien zu erheben: „Zu Recht also entscheiden wir, da ihr Ritter des Tempels genannt werdet, dass ihr selbst wegen des hervorragenden Verdienstes und der besonderen Gabe der Tapferkeit Land und Leute haben, Bauern besitzen und sie gerecht regieren könnt; und die festgesetzte Abgabe soll euch besonders geleistet werden."
Diese Maßnahme stieß natürlich bei den Kirchenfürsten auf Ablehnung, da ihnen nun ein Teil ihres Einkommens fehlte. Hinweise auf das geleistete Armutsgelübde der Templer, das alle Mitglieder des Ordens abgelegt hatten, konnten da nicht ausbleiben.
Dieses Armutsgelübde galt aber nur für den individuellen Besitz der Ritter. Der Orden selbst war davon nicht berührt. Im Gegenteil. Der Orden war gerade wegen seiner speziellen Aufgaben auf die großzügigen Schenkungen und Steuervorteile mehr als die Weltkirche angewiesen. Unterstützung erhielten die Templer in dieser Frage einmal mehr von Bernhard von Clairvaux, der explizit das Recht der Templer betonte, gerade aufgrund ihres persönlichen Armutsgelöbnisses öffentliche Unterstützung zu erhalten: „Daher legen wir dar, dass ihr, die ihr ein gemeinsames Leben führt, gerade zu Recht den Zehnten haben dürft."
Eher nebenbei erschloss sich den Templern bald noch eine weitere Geldquelle, die sich ebenfalls zu einer Grundlage ihres Reichtums entwickeln sollte. Im ganzen Volk genossen sie ebenso wie beim Adel das höchste Ansehen. Ihnen konnten sie im Kampf ihr Leben anvertrauen, in den Mauern ihrer

Komtureien fanden sie auch in weit entfernten Ländern Schutz und Zuflucht. Außerdem galten die Ordenshäuser als Klöster und fielen deshalb unter das Gesetz der Unverletzbarkeit der heiligen Stätten. Deshalb brachten bald viele Menschen ihr Geld und ihre Wertsachen zu den Templern, um sie dort während eines Kreuzzugs, einer Pilgerfahrt oder auch einer anderen Reise zu hinterlegen. Anfangs willigten die Templer auf diese Bitten ein, obwohl sie zunächst nur Arbeit, aber keinen Nutzen davon hatten. Doch als die hinterlegten Summen anwuchsen und sogar Fürsten dazu übergingen, den Staatsschatz in den Mauern ihrer Ordenshäuser aufbewahren zu lassen, erkannten die Templer bald die Möglichkeiten, die sich aus dieser Situation ergaben. Zunächst nutzten sie das Geld noch auf die herkömmliche Weise und verliehen es gegen Zins. Doch dann revolutionierten sie den bestehenden Zahlungsverkehr, indem sie den Kreditbrief erfanden. Sie besaßen Niederlassungen im gesamten Mittelmeerraum und an jeder beliebigen konnte man fortan sein Geld einzahlen, man erhielt einen Kreditbrief und konnte sein Geld anderswo wieder abheben. Die Gefahr, auf Reisen beraubt zu werden, verringerte sich dadurch erheblich, da die Räuber mit den Papieren meist nichts anzufangen wussten und sie ihren Opfern ließen. Den Gewinn bei den Transaktionen zogen die Templer aus den Gebühren, die sie erhoben. Der Aufwand für sie war dabei gegenüber dem Gewinn außerordentlich klein. Die Resonanz auf den bargeldlosen Zahlungsverkehr war in kurzer Zeit so groß, dass die Geldströme sich nahezu ausglichen, sodass lediglich die Differenzen zwischen den einzelnen Häusern ausgeglichen werden mussten, was bei den ständigen Transaktionen kaum ins Gewicht fiel.

Im Grunde fielen die Bankgeschäfte der Tempelritter unter das kirchliche Wucherverbot, doch da sie den Gewinn ausschließlich in die „heilige Sache“ investierten, sah man allgemein darüber hinweg. Die Integrität der Templer bei den Bankgeschäften war sprichwörtlich. Kein einziger Fall ist bekannt, bei dem sich ein Anleger über Betrug beklagt hätte. Ihr tadelloser Ruf in dieser Beziehung war so unantastbar, dass Betrug bei Geldgeschäften beinahe der einzige Vorwurf war, der ihnen bei ihrem Prozess Anfang des 14. Jahrhunderts nicht gemacht wurde.

Aber nicht nur als Verwalter, Organisationstalente und Bankiers, sondern auch in der Viehwirtschaft, besonders in der Pferde- und Schafzucht, waren die Tempelritter erfolgreich. So konnten sie einerseits ihren hohen Bedarf an teuren Reitpferden größtenteils selbst decken und andererseits mit dem Verkauf von Wolle gute Gewinne erzielen.

Der Niedergang

Die außerordentlich enge Bindung an den Kreuzzugsgedanken und an das Heilige Land, die dem Templerorden zu seiner Größe verholfen hatte, war es dann auch, die seinen Niedergang bewirkte.

Darstellung Papst Gregors IX. um 1270

Besonders durch den Vierten und den Fünften Kreuzzug war die Kreuzzugsidee im Bewusstsein der Öffentlichkeit schwer geschädigt worden. Für die Tempelritter war insbesondere das Verhalten Gregors IX. während des Kreuzzugs Friedrichs II. problematisch. Das Verbot des Papstes, an dem Kreuzzug teilzunehmen, erschütterte den Orden in seinen Grundfesten, denn die Templer mussten sich zwischen den beiden wichtigsten Grundpfeilern ihres Ordens entscheiden, zwischen dem Kreuzzugsgedanken und der unbedingten Treue zum Papst. Dennoch hielten sie dem Papst die Treue. Ihre Identität hatte jedoch einen gewaltigen Riss erhalten.

Von diesem Zeitpunkt an ging es mit den Tempelrittern bergab. Auch weiterhin spielte der Kreuzzugsgedanke für sie eine zentrale Rolle, ohne aber wirklich umgesetzt werden zu können. Die Bedrohung durch die Muslime wuchs stetig, doch zugleich befanden sich die Templer in einem Zustand der Untätigkeit und des Wartens, denn die Unterstützung aus dem Abendland wurde merklich geringer. Streitereien mit den anderen Ritterorden, die sogar zu offenem Kampf ausarten konnten, waren bald an der Tagesordnung. Die Angriffe der Mamelucken vermochten es ein letztes Mal, die Kräfte der Ritterorden zu einen, doch sie konnten dem Gegner nicht standhalten. Weder den

Altstadt und Hafen des heutigen Akkon

Tempelrittern, die als Letzte in Akkon noch Widerstand leisteten, noch den anderen Ritterorden ist der Verlust des Heiligen Landes anzulasten, höchstens insofern, dass sie die Zivilbevölkerung nicht rechtzeitig in Sicherheit brachten. Aber obwohl sie beinahe ihr gesamtes Ritteraufgebot in den letzten Kämpfen verloren hatten, wurde ihnen von vielen Zeitgenossen mangelnder Einsatz oder sogar Kooperation mit den Muslimen vorgeworfen.

Nach dem Untergang Akkons und ihrer Vertreibung aus dem Heiligen Land hatten die Templer ihre eigentliche Bestimmung verloren. Zunächst ließen sie sich auf Zypern nieder, das bereits seit mehreren Jahrzehnten der Sitz des Königs von Jerusalem war. Doch es gelang ihnen nicht, hier zu einer neuen Identität zu finden. Der Schutz der Pilger im Heiligen Land war der eigentliche Zweck ihrer Ordensgründung gewesen und den konnten sie nicht so ohne Weiteres aus ihrem Bewusstsein streichen. Im Templerorden hatte der Kampf im Dienste Christi von jeher an erster Stelle gestanden, während das karitative Element bei ihnen bei Weitem nicht so stark ausgeprägt war wie bei anderen Orden. Darüber hinaus fehlte es ihnen an einer Persönlichkeit, die ihnen ein neues Ziel vor Augen hätte stellen können, an dem sie sich wieder hätten aufrichten können. Daneben gelang es ihnen im Unterschied z. B. zu den Johannitern oder Maltesern nicht, in einem anderen Land einen eigenen Ordensstaat aufzubauen. Die Ordensregeln waren hart und starr, und das, was für die Templer einst Halt und Stütze bedeutet hatte, verhinderte nun eine Neuorientierung. So deutete alles darauf hin, dass sich der Templerorden in sein Mutterland zurückorientieren würde – ein Gedanke, der dem französischen König mit seinen Machtansprüchen gerade auch dem Papst gegenüber nicht gefallen konnte.

Der Untergang des Templerordens

Die Misserfolge im Heiligen Land und die Schwächung des Papsttums in der Auseinandersetzung um die Machtposition der Kirche bildeten den Hintergrund für den Untergang der Templer. Tatsächlich verantwortlich für ihr Ende waren jedoch persönliche Interessen, Neid und Missgunst und die Gier nach Gold.

Der ganze Prozess gegen den Orden der Tempelritter war von Widersprüchen gezeichnet. Er gestaltete sich als Kraftprobe zwischen dem französischen König und dem Papst, die das Oberhaupt der katholischen Kirche nicht gewinnen konnte.

Philipp der Schöne und Clemens V.

Die beiden Personen, die beim Untergang des Templerordens die entscheidende Rolle spielten, waren Philipp IV. der Schöne (1268–1314), der König von Frankreich, und Papst Clemens V. (um 1250–1314).

Philipp IV. wurde bereits 1285 im Alter von 17 Jahren zum König von Frankreich gekrönt. Er stammte aus dem Haus der Kapetinger, galt als strenggläubiger Katholik und war auch stets bemüht, diesen Eindruck mit allen Mitteln in der Öffentlichkeit aufrechtzuerhalten – und sei es durch Verunglimpfung seiner Gegenspieler. Philipp war gebildeter als viele Fürsten seiner Zeit und wurde während der knapp drei Jahrzehnte seiner Herrschaft zu einem der mächtigsten Herrscher des Abendlandes. Er selbst führte ein asketisches Leben, gleichzeitig war die Jagd seine liebste Beschäftigung.

Philipp IV. hält eine Ratssitzung am französischen Hof

Während seiner gesamten Regierungszeit war der Staatshaushalt in einer üblen Verfassung, die Philipp IV. mit äußerst fragwürdigen Methoden zu beheben suchte. Er verkaufte neue Adelsbriefe, zog zunächst den Besitz der lombardischen Bankiers und einige Jahre später den von Juden, die sich nicht taufen lassen wollten, ein und schreckte nicht einmal davor zurück, heimlich neue Münzen schlagen zu lassen, deren Goldanteil nur noch ein Drittel der regulären Münzen aufwies. Nur wenige Jahre vor seiner Vernichtungsaktion gegen den Templerorden scheute Philipp IV. sich nicht, beim Schatzmeister der Templer in Paris ohne Wissen des Großmeisters ein Darlehen über 40.000 Goldgulden aufzunehmen. Die Möglichkeit, dieses Darlehen nicht zurückzahlen zu müssen oder gar den sagenhaften Schatz der Templer in seinen Besitz zu bringen, kam ihm da nur gelegen.

Philipps Beichtvater war der Dominikanerpater Wilhelm Imbert, der zugleich Großinquisitor Frankreichs war. Da der Templerorden nur dem Papst und nicht der Gerichtsbarkeit des Königs unterstand, konnte Philipp IV. nicht allein gegen ihn vorgehen.

Zur Rechtfertigung seines Vorgehens gegen die Templer benötigte er deshalb unbedingt kirchlichen Beistand.

Der französische König hatte aber noch einen weiteren Grund, sich des Templerordens entledigen zu wollen. Nach dem Verlust des Heiligen Landes hatten die Templer ihr eigentliches Betätigungsfeld verloren und waren obendrein auf der Suche nach einem Land, in dem sie nun ihren eigenen Ordensstaat errichten konnten. Ihr Mutterland war Frankreich, in dem sich die meisten ihrer Besitzungen befanden. Obgleich Philipp dem Orden 1303 seinen persönlichen Schutz zugesichert hatte, glaubte er, sich ihrer Loyalität nicht sicher sein zu können, da der Orden lediglich dem Papst unterstellt war, und wollte deshalb von vornherein verhindern, dass der Hauptsitz des Templerordens nach Frankreich verlegt wurde.

Diese enge Verbindung zum Papst sah Philipp als Gefahrenpotenzial an, das er unbedingt ausschalten musste, um seine Machtposition gegenüber Clemens V. weiter ausbauen zu können. Die absolute Brutalität, die er notfalls sogar gegenüber dem Heiligen Vater anzuwenden bereit war, hatte er bereits 1303 bei seinen Auseinandersetzungen mit Papst Bonifaz VIII. (um 1235–1303) bewiesen.

Clemens V., der frühere Erzbischof von Bordeaux, war 1305 mit Unterstützung des französischen Königs zum Papst gewählt worden und hatte den Heiligen Stuhl von Rom zunächst nach Bordeaux, ab 1309 dann nach Avignon verlegt. Er stand von Anfang an unter dem Einfluss von Philipp IV. Gerüchte sprachen von der Erfüllung von „sechs Wünschen“, die der König von ihm für die Papstwahl verlangt hatte. Fünf dieser Wünsche bezogen sich auf das Tagesgeschehen und konnten von Clemens V. sofort erfüllt werden, den sechsten Wunsch jedoch behielt der König frei. Erst zwei Jahre später soll er ihn genannt haben: die Auflösung des Templerordens und die Überschreibung seines ganzen Vermögens an die französische Krone.

Papst Clemens V.

Clemens V. wurde zwischen 1250 und 1265 als Bertrand de Got als Sohn einer altfranzösischen Adelsfamilie geboren. Als Mönch des Grammontenserordens studierte er zunächst Kirchenrecht in Orleans und Bologna, wurde dann der Kaplan von Papst Bonifaz VIII. und wurde von diesem schließlich 1295 zum Bischof von Comminges und 1299 zum Erzbischof von Bordeaux ernannt. Das enge Ver-

hältnis zum französischen König war vermutlich bereits in diesen frühen Jahren entstanden.
Zweimal versuchte Clemens V., sich den Wünschen Philipps zu widersetzen, doch ohne Erfolg. Noch im August 1307 hatte er vergeblich versucht, Tempelritter und Hospitaliter zu einem einzigen Orden zu vereinigen. 1312 unterstützte der Papst dann zeitweise den Luxemburger Heinrich VII. (ca. 1278–1313) bei dessen Wahl zum Kaiser, doch wegen dessen Politik zur Erneuerung des Reiches, der Restauratio imperii, ergab sich Clemens V. wieder den Interessen Philipps.
Aber nicht nur gegenüber dem König zeigte der Papst Schwächen: Seine Mätresse kostete ihn ein Vermögen, und seine Familie, der er zahlreiche kirchliche Ämter zuschacherte, bedeutete ihm mehr als seine Gemeinde.

Die Verhaftung der Tempelritter

Am frühen Morgen des 13. September 1307, einem Freitag, war es dann so weit. In einer Nacht-und-Nebel-Aktion schickte Philipp IV. die königliche Polizei in ganz Frankreich aus, um Jacques de Molay, den Großmeister der Templer, und alle übrigen Mitglieder des Templerordens gefangen zu nehmen. „Capti tenantur et ecclesiae iudicio preserventur“, sie gefangen zu nehmen und dem Urteil der Kirche zu überantworten, so lautete der Befehl des Königs, mit dem er die Verantwortung für diese Aktion vor der Öffentlichkeit dem Papst zuschob.
Insgesamt lebten etwa 2000 Mitglieder des Templerordens zu dieser Zeit in Frankreich. Ungefähr 600 von ihnen wurden an diesem Tag gefangen genommen, den Übrigen gelang die Flucht. Die Verhaftung vollzog sich ohne Blutvergießen, denn keiner der Templer leistete Widerstand. Die Statuten des Ordens verboten es, Hand an einen Christen zu legen.
Die Templer waren von der Verhaftungsaktion völlig überrascht worden. Ihr Großmeister Jacques de Molay war erst kurz vorher von Philipp IV. zum Paten dessen Sohnes gemacht worden, und noch am Vortag seiner Verhaftung war er bei der Beerdigung einer Schwägerin des Königs Sargträger gewesen. Der Großmeister des Ordens glaubte wohl sogar, sich der besonderen Gunst des Königs zu erfreuen. Philipp IV. hatte nicht nur 1303 den Orden unter seinen persönlichen Schutz gestellt, 1306 hatten die Tempelritter ihm sogar in ihrem Ordenshaus Zuflucht vor dem Zorn des Volkes gewährt. Außerdem unterstand der Orden ausschließlich der Gerichtsbarkeit des Papstes, ein Angriff von einer andren Seite war für die Mitglieder also undenkbar.
Die Verhaftung der Templer war

jedoch, wie die minutiöse Planung und die perfekte Geheimhaltung beweisen, keine spontane Aktion des Königs. Der Befehl für diese Überraschungsaktion war bereits am 14. September, also beinahe einen Monat vor der tatsächlichen Verhaftungswelle, von Philipp IV. an seine Polizisten ergangen, die sich im ganzen Land in Stellung brachten, um zum vereinbarten Zeitpunkt zeitgleich zuschlagen zu können. In einem versiegelten Schreiben, das bis heute erhalten ist, hatte er allen Polizeipräfekten in den verschiedenen Provinzen des Landes sowohl das genaue Vorgehen erläutert als auch zur Rechtfertigung seines Planes die verschiedenen Anklagepunkte gegen die Templer dargelegt.

Die Verhaftung der Tempelritter war von Philipp dem Schönen ohne Rücksprache mit dem Papst durchgeführt worden. Dies war ein schwerwiegender Affront gegen den Papst, denn die Tempelritter hatten ja 1139 von Papst Innozenz II. die vollständige Souveränität gegenüber allen weltlichen Herrschern erhalten und waren der alleinigen Gerichtsbarkeit des Papstes unterworfen.

Clemens V. wurde von der Aktion des Königs ebenso überrascht wie die Templer selbst. Seine erste offizielle Reaktion erfolgte deshalb erst zwei Wochen später, als er in einem Protestschreiben das Vorgehen des Königs hart kritisierte: „Wir wollten selber die Wahrheit erkunden ..., trotzdem habt Ihr dieses Attentat gegen die Personen und Güter von Männern begangen, die Uns selbst unterstellt sind ... Wir können nicht daran zweifeln, dass Ihr besser heute als morgen Güter und Personen der Templer Unseren Gesandten übergeben werdet."

Aufgrund der Gerüchte über die Tempelritter, die sich hartnäckig hielten und allmählich begannen, den Ruf des Ordens zu schädigen, hatte Jacques de Molay von sich aus im August den Papst um eine Untersuchung der Vorwürfe gebeten. Offensichtlich hatte der König von der geplanten Untersuchung der Templerfrage durch den Papst gewusst, eine faire Verhandlung mit einer möglichen Rehabilitierung des Ordens war allerdings nicht in seinem Interesse.

Von dem verspäteten Protest des Papstes zeigte sich der König entsprechend wenig beeindruckt, eine offizielle Antwort ließ er ihm erst zwei Monate später übermitteln. Jeder Tag ohne ein Eingreifen des Papstes spielte Philipp beim Erreichen seines Zieles in die Hände, denn jeder weitere Tag unter der Folter brachte eine wachsende Anzahl an „Geständnissen", die sein unrechtmäßiges Vorgehen vor der Öffentlichkeit rechtfertigten.

! Jacques de Molay

Jacques de Molay, Großmeister der Templer, *von Fleury François Richard*

Der letzte Großmeister des Templerordens war Jacques de Molay. Er wurde zwischen 1240 und 1250 als Sohn einer adligen Familie in Burgund geboren. Das erste gesicherte Datum aus seinem Leben ist seine Aufnahme in den Orden durch Humbert de Pairaud im Jahr 1265. Um 1270 betrat er erstmals das Heilige Land, wo er 1285 zum Komtur von Akkon ernannt wurde. An der Verteidigung Akkons 1291 nahm er allerdings nicht teil, da er ein Jahr zuvor nach Zypern, ins neue Zentrum des Ordens, übergesiedelt war. Dort setzte er sich für Reformen im Orden ein, um so die von ihm selbst kritisierten inneren Zustände des Ordens zu verbessern.

Nach dem Tod Theobald Gaudins am 16. April 1292 entbrannte ein Streit um dessen Nachfolge als Großmeister des Ordens zwischen Jacques de Molay und Hugo de Peraudo, deren Kandidatur von zwei unterschiedlichen Interessensgruppen unterstützt wurde. Hinter Jacques de Molay standen der ehemalige Befehlshaber des englischen Kreuzfahrerheeres, Otto de Grandson (ca. 1238–1328), und der englische König Eduard I. (1239–1307), während Hugo de Peraudo von den Rittern der Auvergne und des Limousin unterstützt wurde. Die Verhandlungen im Vorfeld der endgültigen Wahl dauerten beinahe ein Jahr und waren von Intrigen geprägt. Im Frühjahr 1294 wurde Jacques de Molay dann endgültig zum Großmeister des Ordens gewählt, während Hugo de Peraudo das Amt des Präzeptors von Frankreich übernahm.

Die erste Amtshandlung des neuen Großmeisters war eine Reise durch England, Spanien und Frankreich bis nach Rom, um für seinen Orden um Unterstützung zu werben und die Könige und den Papst für einen neuen Kreuzzug zu gewinnen. Zugleich konnte er nun endlich seine lang angestrebten Reformen in Angriff nehmen: die Einhaltung der Fastenzeit, die Einschränkung des zur Schau gestellten Luxus bei Kleidung und Waffen sowie die Reduzierung der Verteilung von Almosen.

Und auch seinen Kreuzzugsgedanken gab Jacques de Molay bis zum Anfang des 14. Jahrhunderts nicht auf. 1299 gelang ihm ein Bündnis mit den Mongolen, die

Jacques de Molay (Fortsetzung)

unter Mahmud Ghazan (1271–1304) in Syrien eingefallen waren, wie auch mit dem König des christlichen Armenien, mit dem zusammen er das Heilige Land zurückzuerobern gedachte. Das Vorhaben scheiterte kläglich. Nur ein Teil des Templerheeres konnte sich bis 1302 auf der Insel Antarados, heute Aruad, vor Tortosa halten, war jedoch auf ständigen Nachschub aus dem Abendland angewiesen. 1302 mussten auch diese Ritter kapitulieren. 180 Tempelritter und 800 Mann Hilfstruppen fielen in die Hände der Muslime, die sie nach Ägypten deportierten und dort köpfen ließen, nachdem sie sich geweigert hatten, zum Islam zu konvertieren.

Der Hauptgrund für Jacques de Molays Festhalten am Kreuzzugsgedanken war wohl die Tatsache, dass die Templer mit dem Verlust der letzten Burgen im Heiligen Land auch die eigentliche Aufgabe ihres Ordens, den Schutz der Pilger im Heiligen Land, verloren hatten.

Am Untergang seines Ordens kann Jacques de Molay wohl keine Schuld zugewiesen werden. Sein Verhalten mag teilweise zögerlich oder ungeschickt gewesen sein, auch gab er durch seine offensichtliche Angst vor der Inquisition seinen Rittern keinen Rückhalt in den Jahren nach der Zerschlagung des Ordens, doch das Ende des Ordens war eine beschlossene Sache, die auch Jacques de Molay als Großmeister keinesfalls hätte verhindern können.

Bei Jacques de Molay, dem Großmeister des Ordens, musste sich Philipp IV. nicht einmal so lange gedulden. Bereits am 24. Oktober 1307 gestand der etwa 60-jährige die meisten der ihm zur Last gelegten Taten. Bis heute konnte nicht geklärt werden, ob vielleicht auch die Zusicherung, auf diese Weise seine Gefolgsleute retten zu können, Jacques de Molay zu seinen Geständnissen bewegt hatte.

Sieben lange Jahre Kerker und Verhöre folgten. Eine wirkliche Chance zur Verteidigung hatten die angeklagten Ritter jedoch nicht. Die Geständnisse wurden auf der Folter erpresst, und wer später sein Geständnis widerrief, wurde als Ketzer auf dem Scheiterhaufen verbrannt.

Eines seiner Ziele aber hatte Philipp der Schöne nicht erreicht. Obwohl er sofort seine Soldaten in Bewegung setzte, um die Güter der Tempelritter aus deren Ordensburgen zu beschlagnahmen, blieb die Beute weit hinter seinen Erwartungen zurück.

Konfrontiert mit den mehr als 500 Geständnissen von Jacques de Molay und den meisten anderen Ordensmitgliedern war der Papst zum Handeln gezwungen. Um wenigstens einen Teil seines Einflusses auf das Geschehen wiederzuerlangen, erließ Clemens V. im November 1307 in der Bulle *Pastoralis praeeminentiae* (Über das Vorrecht der Kirche) den Befehl zur Verhaftung aller Mitglieder des Ordens auch in den übrigen Ländern Europas. Die Gefangenen und ihr Besitz sollten bis zum Ende des Prozesses dem Schutz der Kirche unterstellt werden.

Nach dem päpstlichen Erlass mussten nun auch die Herrscher in den anderen Ländern reagieren. Während in Frankreich der Terror gegen die Inhaftierten weiterging und nach den entkommenen Rittern steckbrieflich gesucht wurde, nahmen die Ereignisse in Spanien, Italien und England, wo es außerhalb des französischen Mutterlandes die meisten Niederlassungen der Templer gab, einen völlig anderen Verlauf. Die Templer wurden zunächst entweder völlig in Ruhe gelassen oder bekamen die Möglichkeit, unter anderem Namen Unterschlupf zu finden. Erst nach einem weiteren Schreiben des Papstes beteiligten sich auch die übrigen Herrscher an der Verfolgung der Templer, doch gingen sie dabei so langsam vor, dass nur wenige verhaftet werden konnten. Ihre verbleibenden Ländereien fielen allerdings nicht an die Kirche, sondern wurden meist von den weltlichen Herrschern beansprucht. Insgesamt dauerte es neun Monate, bis der Befehl Clemens' V. in ganz Europa ausgeführt worden war.

Der Prozess

So berühmt und bewundert der Templerorden auch in der ganzen christlichen Welt war, so waren seine Macht und sein Reichtum doch auch schon früh ein Grund für Neid und Missgunst, die jedoch dem Orden bislang nichts anhaben konnten. Mit der Niederlage der Kreuzfahrer im Heiligen Land begann sein Ansehen jedoch zu bröckeln. Er verfügte aber noch immer über wirtschaftliche Macht, über Geld und Grundbesitz.

Etwa seit 1305 veränderten sich die Vorwürfe allmählich, die den Ordensrittern gemacht wurden. Es handelte sich nicht mehr um die gewohnten Anklagepunkte wie Hochmut, zur Schau gestellten Luxus oder nachlassende Bereitschaft bei der Almosenvergabe. Gerüchte über merkwürdige Riten, über Götzenanbetung, Ketzerei und „Sodomie", dem Synonym für Homosexualität, machten die Runde.

Ein angeblicher Zeuge dieser Vergehen wurde auch bald gefunden: Esquieu de Floyran, ein aus dem Orden ausgeschlossener ehemaliger Tempelritter. Floyran, der einst Prior von Montfaucon war, war wegen des Mordes an einem Ordensbruder von den Templern aus dem Orden ausgeschlossen und

! Wilhelm von Nogaret

Wilhelm (Guillaume) von Nogaret (um 1260–1313) war einer der wichtigsten Berater König Philipps des Schönen. Er hatte römisches Recht studiert und wurde bereits 1294 an ein königliches Gericht berufen. Nogaret war ein bekannter Gegner der Kirche und allseits gefürchtet, diente jedoch seinem König mit fanatischem Eifer.

Attentat auf Papst Bonifaz VIII.

Schon in der Auseinandersetzung Philipps mit Papst Bonifaz VIII. scheute er nicht davor zurück, seine Ziele notfalls auch mit illegalen Mitteln zu erreichen. Um den Kirchenbann Philipps zu verhindern, verbündete er sich mit den italienischen Feinden des Papstes, klagte Bonifaz der Häresie (Ketzerei) an und verübte 1303 sogar ein Attentat auf den 84-jährigen Papst in dessen Schlafzimmer, dessen Folgen der greise Papst nicht lange überlebte.

Auch für den Tod des nächsten Papstes, Benedikt XI., der ihn aufgrund des Attentates auf Papst Bonifaz VIII. mit dem Kirchenbann belegte, soll Wilhelm von Nogaret verantwortlich gewesen sein. Gerüchten zufolge soll er ihn mit vergifteten Feigen ums Leben gebracht haben.

1306 plante er die Vertreibung der Juden, um ihre Güter einziehen zu können, und 1307 war er maßgeblich an der Vorbereitung der Verhaftung der Templer beteiligt. Er leitete die Polizeiaktion am 13. Oktober 1307 und ließ es sich nicht nehmen, die Verhaftung des Großmeisters der Templer, Jacques de Molay, im Pariser Temple persönlich vorzunehmen. Dessen Tod auf dem Scheiterhaufen 1314 erlebte er jedoch nicht mehr.

danach von einem weltlichen Gericht zu einer lebenslangen Gefängnisstrafe verurteilt worden. Vom Gefängnis aus wandte er sich zunächst in einem Brief, der eine Aufzählung der angeblichen Gräueltaten der Tempelritter enthielt, an Jakob II. (1267–1327), König von Aragon, der aber weder seinen Anschuldigungen Glauben schenkte noch überhaupt gewillt war, gegen seine ehemaligen Verbündeten im Kampf gegen die Mauren vorzugehen. Doch Floyran war nicht zu bremsen: Am französischen Hof, an den er sich 1306 nach diesem ersten Misserfolg wendete, stießen seine Geschichten schließlich auf offene Ohren.

Wilhelm von Nogaret, der Chefankläger im Templerprozess, und Wilhelm von Plaisians, ein enger Berater des Königs, griffen die Beschuldigungen Floyrans begierig auf; hatten sie doch endlich einen Vorwand und zugleich einen Kronzeugen für ihr geplantes Vorgehen gegen die Templer gefunden.

Wilhelm von Nogaret sicherte Esquieu de Floyrans die Begnadigung zu, wenn dieser als Kronzeuge gegen die Tempelritter aussagen würde. So spielte ein überführter und verurteilter Mörder eine der wichtigsten Rollen im Templerprozess. Was später aus ihm wurde, ist unbekannt.

Unmittelbar nach ihrer Verhaftung in den Morgenstunden des 13. Oktober 1307 lasen die Schergen Philipps IV. den verhafteten Rittern die Liste der ihnen zur Last gelegten Verbrechen vor. Die Anklage lautete auf Blasphemie und Ketzerei, auf Götzenanbetung und Sodomie sowie auf Konspiration mit den Muslimen.

Die Verhaftung der Templer rief unter der gesamten Bevölkerung ungläubiges Entsetzen und größte Empörung hervor. Jedermann wusste, dass die Verhaftung der Templer durch die königliche Polizei einen Rechtsbruch darstellte. Um die Sympathien seiner Untertanen auf seine Seite zu ziehen, ließ Philipp IV. deshalb bereits am selben Nachmittag in den königlichen Gärten vor Volk und Geistlichkeit ein Manifest mit den Gründen, die ihn angeblich zu dieser Handlungsweise bewogen hätten, verlesen, das er überdies am folgenden Tag im ganzen Land öffentlich anschlagen ließ.

Die Rechtsgelehrten des französischen Königs, allen voran Wilhelm von Nogaret, hatten ganze Arbeit geleistet. Auf der Grundlage der von Esquieu de Floyran vorgebrachten Anschuldigungen hatten sie die Anklagepunkte so überarbeitet, dass diese alle Elemente enthielten, die notwendig waren, um die trotz aller Gerüchte noch immer hoch angesehenen Tempelritter in der breiten Öffentlichkeit zu verunglimpfen.

Wilhelm von Nogaret hatte in dieser Art der Prozessführung bereits Übung. Obwohl er selbst die Kirche verachtete, verstand er es doch hervorragend, seine Gegenspieler, darunter selbst Papst Bonifaz VIII., in den Augen der Öffent-

Papst Bonifaz VIII. auf einem Fresko von Giotto di Bondone

lichkeit als Ketzer erscheinen zu lassen. Denn in den Ohren der einfachen Bevölkerung hatte das Wort „Ketzerei“ eine unvorstellbare Wirkung, die Nogaret propagandistisch optimal ausschlachtete.

Um seinen Feldzug gegen die Tempelritter erfolgreich zu beenden, brauchte der König jedoch noch eines: die Geständnisse der Beschuldigten, da es nach den Gesetzen der Inquisition nur diesen einen Beweis für die tatsächliche Schuld eines der Ketzerei Verdächtigten gab. Keine Zeugenaussage, mochte sie auch noch so glaubwürdig sein, und keinerlei Untersuchungsergebnisse konnten das Schuldgeständnis ersetzen.

Der bereits vielfach erprobte Weg, um zu diesen Geständnissen zu kommen, war die Folter oder auch nur die bloße Androhung derselben. Bei den verhafteten Ordensmitgliedern handelte es sich nun keineswegs um die kampferprobten Ritter, die es als ihre Aufgabe betrachtet hatten, im Heiligen Land im Kampf mit den Ungläubigen notfalls ihr Leben zur Ehre Gottes hinzugeben. Der Großteil dieser Kämpfer war bei den letzten Kämpfen in Palästina gefallen. In den Komtureien im Mutterland lebten jedoch meist die für den militärischen Einsatz ungeeigneten oder bereits zu alten Mitglieder des Ordens, die für die Verwaltung und Bewirtschaftung der Ländereien der Templer zuständig waren. So war es nicht überraschend, dass kaum einer der inhaftierten Templer den „Befragungen“ durch die Inquisition widerstehen konnte und die meisten von ihnen bereit waren, alles zuzugeben, was der Großinquisitor zu hören wünschte.

? Schon gewusst?

Verbrennung der Tempelritter

War jemand einmal der Ketzerei angeklagt, so war das Schicksal des Beschuldigten bereits besiegelt. Denn es gab für ihn nur zwei Möglichkeiten: Entweder blieb er standhaft und leugnete das Vergehen trotz Folter, so wurde er als verstockter Ketzer auf dem Scheiterhaufen verbrannt. Oder er „gestand“ seine Sünden, dann war er auf Gedeih und Verderb dem Urteil des Inquisitors ausgeliefert.

Allmählich aber begann der Papst, Verdacht zu schöpfen. Die Anzahl

der Geständnisse war überraschend hoch, sie waren untereinander zu widersprüchlich, besonders, wenn es um Einzelheiten bei den angeblichen ketzerischen Handlungen ging.
Clemens V. setzte deshalb den Großinquisitor Wilhelm Imbert ab und rief eine eigene Untersuchungskommission ins Leben. Als er am 22. November 1307 durch seine Bulle *Über das Vorrecht der Kirche* den Templerprozess unter seine Kontrolle zu bringen versuchte, besiegelte er damit letztendlich das Schicksal der Templer. Denn er machte auf diese Weise den schwersten Vorwurf, den der Ketzerei, nun auch zu einem offiziellen Vorwurf der Kirche.
Die Templer jedoch, allen voran Jacques de Molay, schöpften neue

! Die sieben Todsünden

Um den Templern beim Volk jegliche Sympathien zu nehmen, war in der Anklageschrift gegen den Templerorden alles enthalten, was für die Menschen der damaligen Zeit zu den schlimmsten Vorwürfen gehörte, die man einem Christen machen konnte. Neben der Ketzerei und der Anbetung von Götzenbildern waren dies vor allem die Sieben Todsünden.
In der katholischen Kirche wurde bereits sehr früh zwischen lässlichen und schweren Sünden unterschieden. Als lässliche Sünden wurden all jene angesehen, die aufgrund von äußeren Umständen begangen wurden oder so unbedeutend waren, dass sie aufgrund von Einsicht und Reue abgebüßt werden konnten und nicht den Verlust der göttlichen Gnade nach sich zogen.
Schwere Sünden hingegen waren alle vorsätzlichen und freiwilligen Übertretungen der göttlichen Gebote, die einer Abkehr von Gott entsprachen und dadurch das Heil der Seele nach dem Tode aufs Spiel setzten, sie somit also der ewigen Verdammnis preisgaben. Daher bekamen sie auch den Beinamen „Todsünden“.
Erstmals kategorisiert wurden die Todsünden im 4. Jahrhundert durch den Eremiten Evagrius Ponticus (346–399), der sie als Dämonen beschrieb, die einen Mönch heimsuchen können. Bei ihm waren es noch acht: Gula (Völlerei), Luxuria (Unkeuschheit), Avaritia (Habgier), Ira (Zorn), Tristitia (Trübsinn), Acedia (Trägheit), Gloria (Ruhmsucht) und Superbia (Stolz). Von der Kirche zunächst abgelehnt, nahm Papst Gregor I. der Große (um 540–604) den Gedanken wieder auf, reduzierte die Todsünden jedoch auf die heilige Zahl Sieben, indem er „Ruhmsucht“ und „Stolz“ zu „Hochmut“ (Superbia) zusammenfasste, den „Trübsinn" der „Trägheit" als ein Unterelement zuordnete und den „Neid" (Invidia) hinzufügte.

Hoffnung. Am 24. Dezember 1307 widerrief der Großmeister vor den Vertretern des Papstes seine Schuldeingeständnisse mit der Begründung, durch die Androhung der Folter zu ihnen gezwungen worden zu sein, und die übrigen Ordensmitglieder folgten seinem Beispiel.

Für den Verlauf des Prozesses ist es kaum von Wichtigkeit, ob einer oder mehrere der Vorwürfe tatsächlich auch zutrafen. Der Prozess war eine Farce, deren Ausgang von vornherein feststand. Der Papst hatte keine Möglichkeit, sich gegen den König durchzusetzen, zumal er ja selbst seinen Sitz nach Frankreich verlegt hatte. Ihm blieb nur übrig, die ganze Angelegenheit zu verschleppen. Je mehr Clemens V. zögerte, desto stärker arbeitete Philipp IV. mit Verleumdung und Rufmord – nun auch dem Papst gegenüber –, denn Philipp IV. war nicht gewillt, den Prozess aus der Hand zu geben. Er setzte den Papst weiter unter Druck und sorgte dafür, dass in den Untersuchungsausschüssen vorwiegend Priester saßen, die als königstreu bekannt waren.

Für März 1308 berief er in Tours eine Ständeversammlung ein, die er bereits in seinem Einladungsschreiben mit den angeblichen Fakten vertraut machte: „Ihr kennt die widerlichen Verirrungen der Templer, bittere und erbärmliche Verirrungen. Nicht zufrieden damit, in ihrem Beruf Jesus Christus zu verleugnen, zwingen diese jene, die in ihren Orden eintreten wollen, ihn und seine Werke, die Sakramente, die für unsere Vornehmheit und alles, was Gott geschaffen hat, notwendig sind, zu verleugnen. Diese spucken auf Sein Kreuz, durch das sie das Heil erlangten; sie treten darauf herum zur Schande der Kreatur Gottes, sie küssen sich an hässlichen Stellen; sie beten Götzenbilder an.“ In Begleitung eines 10.000-Mann-Heeres teilte Philipp IV. dem Papst den Urteilsspruch der Ständeversammlung mit: die Verurteilung der Templer, die Auflösung des Ordens und die Konfiszierung all ihrer Güter durch die französische Krone.

Die Untersuchung gegen die Tem-

Darstellung der Templerverbrechen in einer Handschrift aus dem 14. Jahrhundert

pelritter wurde nun in zwei getrennte Verfahren unterteilt. Am 12. August 1308 veröffentlichte Clemens V. in der Bulle *Faciens misericordiam* die genauen Vergehen, deren die Templer angeklagt wurden. Die Liste umfasste 88 Anklagepunkte gegen die einzelnen Mitglieder des Ordens und 127 gegen den Orden selbst. Unter ihnen waren allgemeine Vorwürfe wie hochmütiges Benehmen oder mangelnde karitative Tätigkeit, aber auch die Anschuldigungen, die bereits von Philipp IV. vorgebracht worden waren, die aber nun in engem Zusammenhang mit den Aufnahmeritualen des Ordens gesehen wurden: die Verleugnung Christi, das Bespucken des Kreuzes sowie das Küssen von „sonst verhüllten Körperstellen". Ebenso wurden die Vorwürfe der Idolatrie, der Anbetung von Götzenbildern, sowie der Ausübung homosexueller Handlungen erneuert. Doch die Ermittlungen gingen nur äußerst langsam voran. Als die päpstliche Untersuchungskommission in Paris einen Anhörungstermin für alle inhaftierten Templer am Jahrestag der Bulle, am 12. August 1309, ansetzte, erschien niemand, da die Ladungen nicht bei ihren Adressaten angekommen waren. Vermutlich hatte auch hier Philipp IV. seine Finger im Spiel. Der Andrang bei einem zweiten, durch öffentliche Mandate bekannt gemachten Termin war dafür umso größer.

Die Untersuchungen gegen die einzelnen Ordensmitglieder übertrug der Papst nun an die Diözesen der einzelnen Provinzen, die Ermittlungen gegen den Orden selbst legte er hingegen in die Hände päpstlicher Untersuchungskommissionen, deren Ergebnisse die Grundlage für ein abschließendes Urteil auf einem Konzil in Vienne bilden sollten.

Fassade der Kathedrale von Vienne

Die Untersuchungen der Kommissionen dauerten mehrere Jahre, sodass das angekündigte **Konzil in Vienne** erst Ende 1311/12 stattfinden konnte. Die Beweisla-

Papst Clemens V.

ge gegen den Templerorden war für eine rechtskräftige Verurteilung nicht ausreichend, das hatte Clemens V. schon längst erkannt. Trotzdem löste er am 22. März 1312 durch die Bulle *Vox in excelso* den Templerorden offiziell auf und übereignete in *Ad providam* das gesamte Vermögen des Ordens den Johannitern, denn er sah keine Möglichkeit, sich dem König weiterhin zu widersetzen und den Orden freizusprechen und in all seine Rechte wieder einzusetzen. Deshalb wählte er bei seiner Urteilsverkündung einen Kompromiss, der zwar die Templer von den meisten Anschuldigungen freisprach, von der breiten Öffentlichkeit aber offensichtlich nicht als Freispruch erkannt wurde.

Und so heißt es in der Bulle *Vox in excelso*: „Es ist wahr, dass erwähnter Orden nach den gegen ihn geführten Prozessen als ein ketzerischer durch einen endgültigen Spruch rechtlich nicht verurteilt werden kann. In Anbetracht des schlechten Rufes der Templer, des Verdachtes und der Anklagen, die gegen sie bestehen, in Anbetracht der geheimnisvollen Aufnahme in diesen Orden, der schlechten und unchristlichen Lebensführung vieler Mitglieder, in Anbetracht des Eides, nichts über die Aufnahme zu offenbaren oder aus dem Orden auszutreten, in Anbetracht des Skandals, der nicht mehr gutzumachen ist, in Anbetracht der Häresie, der Glaube und Seelen ausgesetzt sind, der schrecklichen Untaten einer großen Anzahl der Mitglieder des Ordens, in Anbetracht, dass die Römische Kirche andere berühmte Orden wegen geringerer Motive auflöste, so heben Wir nicht ohne Bitterkeit und inneren Schmerz, nicht kraft einer richterlichen Sentenz, sondern aus Fürsorge und durch apostolische Machtvollkommenheit den sogenannten Orden der Templer mit allen seinen Institutionen, Satzungen und Namen für ewige Zeiten unter Zustimmung des Konzils auf."

Unter anderem rechtfertigte Papst Clemens V. diesen Schritt damit, die Angelegenheit nicht noch mehr in die Länge ziehen zu wollen. Tatsache jedenfalls ist, dass der Papst den Orden auflöste, ohne ihn tatsächlich zu verurteilen, und ihm außerdem die Absolution erteilte.

Der Tod Jacques de Molays

Jacques de Molay und seine engsten Vertrauten blieben auch nach dem Konzil von Vienne weiterhin in Haft. Zwei Jahre später, Mitte März 1314, sollte dann endlich auch über sie ein Urteil gesprochen werden.
Kurzfristig wurde in Paris ein Konzil einberufen, auf dem Jacques de Molay und Gottfried de Charney zu lebenslanger Haft verurteilt wurden. Daraufhin widerriefen die beiden Verurteilten am Morgen des 18. März 1314 ihre Geständnisse und beschworen die Unschuld des Templerordens. Man vertagte sich auf eine Verhandlung dieser Vorfälle am nächsten Tag, doch dazu kam es nicht mehr. Wiederum ohne Genehmigung des Papstes ließ Philipp der Schöne Jacques de Molay und Gottfried de Charney aus dem Kerker holen, um sie auf der Ile de Javiaux auf dem Scheiterhaufen zu verbrennen. Dieser Tod auf dem Scheiterhaufen, der allein den Ketzern vorbehalten war,

Hinrichtung von Jacques de Molay und Gottfried de Charney

führte zu dem öffentlichen Irrglauben, die Templer seien ohne päpstliche Absolution als Häretiker hingerichtet worden.
Auf dem Weg zum Scheiterhaufen soll Jacques de Molay der Legende nach Papst und König verflucht und ihnen prophezeit haben, dass sie noch binnen Jahresfrist vor Gottes Richterstuhl treten würden. Beide starben noch innerhalb des gleichen Jahres.

Das Pergament von Chinon

Die Geschichte des Templerordens ist jedoch damit noch nicht zu Ende. Ein sensationeller Fund ließ Anfang des neuen Jahrtausends Wissenschaft und Öffentlichkeit aufhorchen: Am 25. Oktober 2007 präsentierte der Vatikan in dem Buch *Processus contra Templarios* der Weltöffentlichkeit neue Erkenntnisse über das Ende der Templer. Die Bedeutung der hier veröffentlichten neuen Erkenntnisse zeigte sich allein schon an der Tatsache, dass der Chef des päpstlichen Geheimarchivs, S. E. Kardinal Raffaele Farina (*1933), persönlich die Präsentation übernommen hatte. Kernstück des Buches ist das sogenannte „Pergament von Chinon“, in dem Papst Clemens V. die Tempelritter vom Vorwurf der Ketzerei freispricht und ihnen die Absolution erteilt.

Blick auf die Burg Chinon

Das Dokument, das falsch archiviert worden war und deshalb über so lange Zeit unbeachtet in den Gewölben der Vatikanischen Bibliothek geschlummert hatte, wurde 2001 von Dr. Barbara Frale (*1970), einer Historikerin am Vatikanischen Institut für Paläografie, durch Zufall bei den Recherchen für ihr Buch *Der letzte Kampf der Templer* (L´ultima battaglia dei templari) entdeckt. Es

! Das Chinon-Pergament

Beim Chinon-Pergament handelt es sich um ein einzelnes Pergament von relativ großen Ausmaßen (700 mmx580mm), an dem ursprünglich die drei Siegel der apostolischen Legaten hingen, die vom Papst als Untersuchungskommission eingesetzt worden waren. Bei ihnen handelte es sich um Bérenger Frédol, den Neffen des Papstes, Étienne de Suisy sowie Landolfo Brancacci. Das Pergament war überdies mit einer einfachen Kopie ausgestattet, die im Vatikanischen Geheimarchiv mit der Signatur „Archivum Arcis, Armarium D 218“ aufbewahrt wird. Das Pergament befindet sich in einem sehr guten Erhaltungszustand, obgleich es an einigen Stellen aufgrund von Bakterienbefall violette Flecken aufweist.

enthält die Abschrift eines Verhörs, das eine vom Papst eingesetzte Sonderkommission auf der Burg Chinon an der Loire zwischen dem 17. und dem 20. August 1308 mit Jacques de Molay und weiteren Würdenträgern des Ordens geführt haben.

In dem Dokument wird nicht nur belegt, dass es den Obersten des Templerordens gelang, die Vorwürfe der Ketzerei vollständig zu entkräften, sondern auch, dass Clemens V. ihnen die Absolution erteilte, nachdem sie ihre Kirchenbuße absolviert hatten. Der Bußakt war unabhängig von einer Verurteilung oder einem Schuldgeständnis, er war obligatorisch für alle, die eines ketzerischen Vergehens auch nur verdächtigt wurden. Jacques de Molay und die übrigen Würdenträger des Ordens mussten die Kirche um Vergebung bitten, jedem ketzerischen Tun formell abschwören und dann den ihnen auferlegten Bußakt vollziehen. Daraufhin wurden sie wieder in die katholische Gemeinschaft aufgenommen und zu allen Sakramenten zugelassen.

Aufgrund der Datierung aus dem Jahr 1308 ist das Dokument noch der Frühphase des Templerprozesses zuzuordnen, in der der Papst noch hoffte, die Auflösung des Ordens verhindern zu können. Anders ist diese neuerliche Befragung Jacques de Molays und der anderen Ordensführer, die bereits alle unter der Folter die ihnen zur Last gelegte Verleugnung Christi gestanden hatten, durch eine von Clemens V. selbst ins Leben gerufene Untersuchungskommission nicht zu erklären. Dazu passen auch die Pläne des Papstes, den Templerorden mit dem ebenfalls militärisch ausgerichteten Hospitaliterorden zu vereinigen, die er bereits vor der Verhaftung der Templer gehabt hatte und die er, mehreren zeitgleichen Quellen zufolge, auch 1308 noch nicht aufgegeben hatte.

Das Chinon-Pergament ist aber vor allem ein Beweis dafür, dass die endgültige Auflösung des Templerordens durch den Papst im Jahr 1312 nicht aufgrund der immer wieder zitierten Geheimlehren des Ordens oder aus Furcht vor ihrer Macht geschah, sondern einzig und allein auf Druck des französischen Königs.

! *Processus contra Templarios*

Das 2007 vom Geheimarchiv des Vatikans in Zusammenarbeit mit dem Scrinium-Verlag veröffentlichte Werk *Die Prozesse gegen die Templer* ist der dritte Band der *Exemplaria Praetiosa* aus dem Geheimarchiv des Vatikans, der wertvollsten und aufwendigsten Veröffentlichungsreihe, die der Vatikan jemals anfertigte. Es enthält erstmals alle erhaltenen Dokumente zu den Templerprozessen zwischen 1308 und 1311 als Faksimiledrucke sowie die erste Abschrift der Akten seit ihrer Transkription aus dem Jahr 1887 in einer kritischen Edition. Das Buch erschien in einer Auflage von lediglich 799 Exemplaren, die bereits lange vorher von Sammlern, Gelehrten, Forschungsinstituten und Bibliotheken auf der ganzen Welt vorgemerkt wurden.

Das Geheimnis der Templer – Sagen und Legenden

Viele Sagen und Legenden ranken sich auch heute noch um den Templerorden. Sie wurden durch die Berichte über sein „Geheimwissen“ und den Vorwurf geheimnisvoller Riten ebenso ausgelöst wie durch die Macht und den Reichtum des Ordens und durch sein plötzliches Ende. Daneben wurde und wird der Templerorden aber auch getreu dem Motto „Die Templer haben ihre Finger immer im Spiel“ aus Umberto Ecos Roman *Das Foucaultsche Pendel* mit anderen, schon lange vor dessen Bestehen existierenden Sagen und Geheimnissen in Zusammenhang gebracht.

Umberto Ecos Roman trug nicht unwesentlich zum Interesse an den Templern bei

Der Heilige Gral

Zu den Mythen, die bereits seit frühester Zeit in unterschiedlichen Varianten existieren, zählt der Mythos von der Suche nach dem Heiligen Gral. Vermutlich gehen die ersten Legenden auf keltische Ursprünge zurück und wurden dann in die Geschichten um König Artus, den sagenhaften britischen König, der um 500 gelebt haben soll, und die Ritter seiner Tafelrunde eingeflochten.

Wolfram von Eschenbach war nicht der erste Dichter, der sich mit der Gralsthematik auseinandersetzte. Wahrscheinlich benutzte er den Versroman *Perceval* oder *Li Contes del Graal ou Le roman de Perceval* von Chrétien de Troyes (ca. 1140–90) als direkte Vorlage für sein Epos. Doch durch Wolframs Dichtung wurden in den Augen seiner Zeitgenossen erstmals die Templer in direkten Zusammenhang mit dem Heiligen Gral gebracht, denn bei ihm erschien erstmals eine Gemeinschaft von Rittern in weißen Gewändern, die „Templeisen“, als Hüter des Grales.

! Wolfram von Eschenbach

Miniatur Wolframs von Eschenbach im Codex Manesse

Der im fränkischen Eschenbach geborene Minnesänger Wolfram von Eschenbach (ca. 1160–1220) gilt neben Walter von der Vogelweide (um 1170–1230) als größter deutscher Dichter des Mittelalters. Er war von ritterlicher Herkunft und lebte längere Zeit auf der Wartburg am Hofe des thüringischen Landgrafen Hermann. Wolfram schrieb verschiedene Lieder und Epen, von denen das bedeutendste sein *Parzival* aus der ersten Hälfte des 13. Jahrhunderts mit beinahe 25.000 Versen ist.

Immer wieder erschien die Gralsthematik seitdem in Kunst und Literatur. Eine der bekanntesten Bearbeitungen der neueren Zeit ist zweifellos Richard Wagners (1813–83) Oper *Parsifal.* Bei ihm ist der Gral der Kelch des letzten Abendmahls, gleichzeitig aber auch das Gefäß, in dem das Blut Christi am Kreuz aufgefangen wurde. Auch bei ihm ist eine geistliche Ritterschaft dazu auserkoren, den Gral zu hüten und seine Kräfte zum Wohl der Menschheit einzusetzen.

Gewisse Parallelen zwischen den Tempelrittern und den „Templeisen“ Wolframs, aber auch zu den Gralsrittern Wagners sind durchaus vorhanden. Bei beiden hat die Ritterschaft ihre anfänglichen Ziele, ihren göttlichen Auftrag aus den Augen verloren und fühlt sich durch das Siechtum ihres Königs an die Gralsburg gebunden. Nur durch göttliche Gnade und einen neuen Anführer – Parzival – besteht für sie die Hoffnung, sich aus ihrer Agonie und Tatenlosigkeit zu befreien.

Dem Gral wurden seit jeher wundertätige Kräfte nachgesagt, selbst der Tod könne durch seinen Anblick überwunden werden. Außerdem soll er nicht nur Blumen und Bäume zum Blühen bringen, sondern auch der Schlüssel zu unermesslichem Reichtum sein.

Es gibt in der Tat auch Menschen, die davon überzeugt sind, sich im

Besitz des Heiligen Grals zu befinden. Zu ihnen gehören beispielsweise der Brite Dr. Graham Phillips, der 1995 der Weltöffentlichkeit ein Onyxgefäß präsentierte, das er in England im Besitz einer jungen Designerin entdeckt hat, und der Großmeister einer römischen Templervereinigung, Rocco Zingaro di San Ferdinando.

Im Streit um die Bestätigung des „wahren" Grals wurde schließlich auch der Vatikan von der Öffentlichkeit angerufen, sodass sich am 8. September 1995 Papst Johannes Paul II. zu einer Stellungnahme genötigt sah und verkündete, der „wahre" Gral sei der in der Kathedrale von Valencia verehrte „Santo Cáliz". Der Gral aus Valencia gilt jedoch nur als Kelch des letzten Abendmahls, während Zingaro und Phillips jeweils in ihrem Gral das Gefäß erkennen wollen, in dem Maria Magdalena das Blut des Heilands am Kreuz aufgefangen hat. Die übernatürlichen Kräfte, die dem Gral angeblich innewohnen sollen, haben sich jedoch noch bei keinem von ihnen gezeigt.

Dieses Gemälde aus dem 16. Jahrhundert zeigt Jesus mit dem Santo Cáliz von Valencia

Die Schatzsuche wird also weitergehen. Doch wird es wohl kaum möglich sein, den Gral, sollte er tatsächlich existieren, anhand seiner göttlichen Kräfte zu erkennen. Am treffendsten ist der Grund dafür wohl in Richard Wagners Oper *Lohengrin*, die von Parsifals Sohn handelt, formuliert: „So hehrer Art doch ist des Grales Segen: Enthüllt muss er des Laien Auge flieh´n." Nur wer von Gott auserwählt ist, wird seine Kraft auch nutzen können …

Die Bundeslade

Der Templerorden wird auch mit der alttestamentarischen Bundeslade in Verbindung gebracht, deren Verbleib ungeklärt ist. Von Moses aus der ägyptischen Gefangenschaft zurück ins Gelobte Land gebracht, wurde sie als eines der größten Heiligtümer des Volkes Israel zunächst in der Stiftshütte, einem zerlegbaren, tempelähnlichen Zelt, verwahrt. In der

Heiligen Schrift (Exodus 25, 10–20) wird sie als mit Gold beschlagener Schrein aus Akazienholz beschrieben. In ihr befanden sich die Gesetzestafeln mit den Zehn Geboten, die Moses auf dem Berg Sinai von Gott empfangen hat.
König David brachte die Bundeslade später nach Jerusalem, um seine Königsstadt auch zum religiösen Zentrum des Landes zu machen. In der Mitte des 10. Jahrhunderts v. Chr. ließ sein Sohn, König Salomon, auf dem Berg Moria in Jerusalem einen Tempel für sie errichten, dessen Allerheiligstes nur einmal im Jahr, am Tag der Versöhnung, Jom Kippur, vom Hohepriester betreten werden durfte.

Die Bundeslade wird in den Tempel gebracht

Während der Kämpfe mit den Babyloniern wurde die Bundeslade vom Propheten Jeremias (ca. 627–587 v. Chr.) zusammen mit den Tafeln der Zehn Gebote versteckt und ist seitdem verschollen. 586 v. Chr. wurde der Tempel von Nebukadnezar II. zerstört und das israelitische Volk in die babylonische Gefangenschaft geführt. Die Bundeslade ist verschwunden geblieben.
Die Bundeslade wurde als wundertätig verehrt. So soll sie Josua bei der Durchquerung des Jordan (Jos. 3,16) und bei der Eroberung Jerichos (Jos. 6) geholfen haben. Als sie nach der Schlacht von Eben-Ezer in die Hände der Philister fiel und in den Dagontempel von Aschdod gebracht wurde, soll zweimal das Götzenbild umgestürzt und die Pest ausgebrochen sein (1. Sam. 5). Erst als sie wieder in den Besitz der Israeliten kam, endete die Seuche.
Nach Überlieferungen der Äthiopischen Kirche befindet sich die Bundeslade bereits seit beinahe 3000 Jahren in Äthiopien. Die Diener Meneliks, eines Sohnes König Salomons mit der Königin von Saba, sollen sie gestohlen und durch eine Fälschung ersetzt haben. Offiziell befindet sie sich in der heiligen Stadt Aksum. Allerdings erheben auch einige andere Kirchen des Landes Anspruch darauf, im Besitz der wahren Bundeslade zu sein. An ihrer Echtheit

wird allgemein gezweifelt, da sie stets von seidenen Tüchern verhüllt ist und von einem Mönch bewacht wird, sodass sie niemals jemand zu Gesicht bekommt.
Die Bundeslade wird jedoch auch mit den Tempelrittern in Verbindung gebracht. Als Hugo de Payens (um 1080–1136) mit seinen acht Begleitern 1118 das Quartier auf dem Tempelberg bezog, das ihnen Balduin II. überlassen hatte, begannen sie zunächst mit Ausgrabungen, anstatt, wie sie es angekündigt hatten, die Pilger auf ihrem Weg durch das Heilige Land vor Räubern und Mördern zu schützen. Dabei sollen sie die Pferdeställe König Salomons freigelegt haben, eine Entdeckung, die nach neueren archäologischen Erkenntnissen jedoch nicht haltbar ist. Ob sie sonst noch etwas gefunden haben, ist nicht bekannt. Eine sehr beliebte Theorie besagt, dass die Tempelritter bei ihren Grabungen die Bundeslade unter dem Tempelberg gefunden und sie dann nach Frankreich gebracht hätten.
Es gibt jedoch keinerlei Beweise dafür, dass die Bundeslade heute noch existiert. Aller Wahrscheinlichkeit nach wurde sie bei der Eroberung Jerusalems durch die Babylonier und die Zerstörung des Tempels vernichtet, da sie neben ihrer Bedeutung als höchstes Heiligtum der Juden keinen übermäßigen materiellen Wert besaß. Dennoch machen sich noch immer Forscher und Abenteurer auf den Weg, um wie Indiana Jones als *Jäger des verlorenen Schatzes* das Geheimnis um die Bundeslade, der genau wie dem Heiligen Gral übernatürliche Kräfte nachgesagt werden, zu lüften.

Der geheimnisvolle Baphomet

Einer der wichtigsten Anklagepunkte gegen die Templer war der Vorwurf der Götzenanbetung. Geheimnisvolle Götzenbilder, sogenannte „Idole", mit dem Namen „Baphomet", Figuren mit drei Köpfen, teilweise sogar mit menschlichen Schädeln bestückt, sollen sich in den Räumlichkeiten befunden haben, zu denen nur die Rangobersten des Ordens Zutritt hatten.
Derartige Figuren wurden jedoch nie gefunden, obwohl bei den Razzien in den Komtureien, die mit den Verhaftungen der Tempelritter einhergingen, alles nach ihnen abgesucht wurde. Lediglich in einem einzigen Templerhaus in Paris wurde ein silbernes Kästchen, das einem Reliquienschrein ähnelt, entdeckt, in dem sich Teile eines menschlichen Schädels befanden, die mit der Beschriftung „Caput LVIII", Kopf 58, versehen waren. Seine Bedeutung konnte nicht eindeutig geklärt werden.

Nichtsdestotrotz gibt es natürlich zahlreiche Geständnisse von Templern bezüglich der Existenz dieses Baphomets. Unter Folter oder aus Angst vor ihr waren viele Ritter bereit, Aussagen über einen Kopf zu machen, der als Götzenbild verehrt wurde. Entsprechend vielfältig waren dann auch die Beschreibungen: der Kopf eines bärtigen Mannes, ein Glatzkopf, ein schwarzer Kopf mit funkelnden Augen, ein menschlicher Schädel, aber auch eine Skulptur oder ein doppelgesichtiger Januskopf. Nach der Aussage von Hugo de Pairaud, dem Stellvertreter des Großmeisters im Westen, handelte es sich um einen „Kopf mit vier Füßen, zwei vorne und zwei hinten“. In der Tat wurden zahlreiche Darstellungen seltsamer Fantasiewesen im Besitz und an den Gebäuden der Templer gefunden.

Die Darstellung grotesker Fabelwesen war bereits in der Antike beliebt, ihre Ursprünge liegen in der griechisch-römischen Glyptik (Steinschneidekunst). Die seltsamsten Kreaturen wurden hier dargestellt: überdimensionale Gesichter mit Beinen, Wesen, halb Mensch, halb Tier. Plinius der Ältere (ca. 23–79) gab ihnen den scherzhaften Namen „Gryllen“ (altgriechisch gryllos = Ferkel). Viele dieser antiken Gemmen, auf denen exotische Tiere, antike Gottheiten oder eben die bizarren Gryllen eingeschnitten waren, gelangten seit dem frühen Mittelalter in das westliche Abendland. Sie schmückten Reliquienschreine ebenso wie sie Königen und Fürsten als Siegel dienten. Selbst Karl der Große verwendete eine Gemme mit dem Bildnis des Jupiter Serapis als Privatsiegel. Mit den Kreuzzügen gelangten weitere Gemmen nach Europa, viele kamen auch als Geschenke von Kreuzfahrern in den Besitz von Klöstern und Kirchen, ohne dort jedoch als heidnisch oder ketzerisch verdammt zu werden.

Die Darstellungen dieser Fantasiewesen an den Komtureien der Templer war nichts Außergewöhnliches. Es gibt wohl kein sakrales Bauwerk aus dieser Zeit, das nicht mit dem einen oder anderen steinernen Fabelwesen geschmückt wäre. Die bekanntesten von ihnen sind die Wasserspeier, die noch heute die Dächer der gotischen Kathedralen schmücken, ohne dabei den Verdacht der Teufelsanbetung zu erregen.

? Schon gewusst?

Die Abbildung von Fantasiewesen war noch lange Zeit in der bildenden Kunst sehr beliebt. Besonders bei Darstellungen der Apokalypse waren der Fantasie der Künstler – man denke nur an Hieronymus Bosch (um 1450–1516) – kaum Grenzen gesetzt.

Der Baphomet in der Darstellung Eliphas Lévis

Bei der Deutung des Wortes „Baphomet“ gibt es die verschiedensten Theorien. Vielfach wird es lediglich als allgemeine Bezeichnung für ein Götzenbild gesehen. Der Orientalist Joseph von Hammer-Purgstall (1774–1856) sah einen Zusammenhang mit den altgriechischen Wörtern „Baphe“ (Taufe) und „Meteos“ (Weihe); Begriffe, die unmittelbar zu Johannes dem Täufer, dem Schutzpatron aller geistlichen Ritter, führen. Von Eliphas Lévi (1810–75), dem Wegbereiter des modernen Okkultismus, wurde „Baphomet“ aus den Anfangsbuchstaben (in umgekehrter Reihenfolge) von „**Tem**pli **o**mnium **h**ominum **p**acis **ab**bas“, dem „Abt des Tempels des Friedens aller Menschen“, abgeleitet. Von Lévi stammt auch eine der bekanntesten Darstellungen des Baphomets. Nach anderen Theorien bedeutet es „Vater“ bzw. „Quelle der Erkenntnis“ und ist als „bufuhimat“ vom arabischen „abufihamet“ abgeleitet. Auch auf die Ähnlichkeit mit dem Namen „Mohammed“ (oder auch

? Schon gewusst?

Wie leicht es ist, Vorwürfe von Zauberei oder Teufelsanbetung durch die Interpretation irgendwelcher Zeichen oder Bildnisse zu untermauern, lässt sich gut an einer wahrlich skurrilen Diskussion nachvollziehen, die vor einigen Jahren in Deutschland in bestimmten Kreisen aufgekommen ist. Angeblich ist das Abbild Baphomets allgegenwärtig, und zwar sogar auf allerhöchste staatliche Anordnung! Entdeckt wurde das angebliche Bildnis des ziegenhörnigen Teufels ausgerechnet auf der Rückseite des deutschen Personalausweises. Betrachtet man die Rückseite des Ausweises, nachdem man ihn auf den Kopf gestellt hat, kann man in der Tat, wenn man erst einmal darauf hingewiesen worden ist, einen solchen Kopf erkennen. Inwieweit dies von der Bundesdruckerei und ihren Grafikern beabsichtigt wurde, sei dahingestellt.

„Mahomed“) wurde bereits früh hingewiesen, da den Tempelrittern teilweise ja auch der heimliche Übertritt zum Islam vorgeworfen wurde. Allein schon die Tatsache, dass im Islam jegliche figürliche Abbildung menschlicher oder menschenähnlicher Wesen verboten ist, vermag es jedoch, einen solchen Zusammenhang auszuschließen.
In der Zeit der Hexenverfolgung wurde das Bild des gehörnten Baphomets dann zum Bock des Hexensabbats.
Eine neue Deutung erfuhr das Phänomen des Baphomets Ende des 20. Jahrhunderts durch die Brüder Peter und Johannes Fiebag, zwei deutsche Publizisten, die sich mit grenzwissenschaftlichen Phänomenen und der Paläo-Astronautik, der Möglichkeit von Kontakten zu extraterrestrischen Intelligenzen in der Frühgeschichte der Erde, beschäftigen.

Burg Lockenhaus im Burgenland

Sie entdeckten auf dem Symbolstein der Burg Lockenhaus im österreichischen Burgenland, die in enger Verbindung zum Templerorden gestanden haben soll, eine Ritzzeichnung, die in großen Teilen einer Maschine entspricht, die von den Briten George Sassoon und Rodney Dale 1979 nach altjüdischen Texten rekonstruiert wurde. Mit dieser Maschine soll es möglich gewesen sein, in einem geschlossenen ökologischen System Nahrung in unbegrenzter Menge herzustellen. Durch Vergleiche von Texten aus der Kabbala und dem alttestamentarischen Buch Exodus kamen sie zu dem Schluss, dass Moses mithilfe dieser Maschine das Manna-Wunder bewerkstelligte, das das Volk Israel auf seiner 40 Jahre dauernden Wanderung durch die Wüste am Leben erhielt. Da diese Maschine jedoch nur mit überaus komplexen technischen Kenntnissen konstruiert und mithilfe einer äußerst starken Lichtquelle, z. B. mit Lasern, funktionieren konnte, muss diese Manna-Maschine Moses von Außerirdischen überreicht worden sein.
Offensichtlich, so folgern nun die Fiebag-Brüder, wurde die Manna-Maschine in der Bundeslade in das Land Israel transportiert und im Tempel Salomons in Jerusalem aufbewahrt worden. Nach der Zerstörung des Tempels sei sie jahrhundertelang verschollen gewesen,

dann jedoch von den Tempelrittern in der Zeit ihrer Ordensgründung wiederentdeckt und als Tempelschatz bewahrt worden sei. Die Manna-Maschine also sei der „Heilige Gral“, der ja laut Wolframs *Parzival* von den Templern als Gralsritterschaft beschützt wurde.

Der Prolog von Wolframs Parzival

Die Deutung des Grals als christliches Heilsgefäß geht bei dieser Deutung allerdings verloren.
Damit aber nicht genug: Die Manna-Maschine sei auch der geheimnisvolle Baphomet, die Beschreibung als mehrköpfiges Götzenbild entspreche den kugelförmigen Auffangbehältern und Kultivierungsgefäßen der Maschine. Bei dem Wort „Baphomet“ handelt es sich darüber hinaus laut dem britischen Religionswissenschaftler Dr. Hugh Schonfield (1901–88) um eine Chiffre der jüdisch-kabbalistischen Geheimschrift Atbash, die gleichbedeutend mit „sophia“, dem griechischen Wort für Weisheit, ist und bereits von Sassoon und Dale fünf Jahre zuvor als Deckname für ihre Manna-Maschine entschlüsselt worden war.

Der Schatz der Templer

Aber auch weniger mystische Dinge als der Gral oder die Bundeslade sind es, die die Spekulationen über die Tempelritter in Gang halten. Immer wieder werden auch über den Verbleib des Templerschatzes Vermutungen angestellt, und Schatzsucher aus aller Herren Länder versuchen seit Jahrzehnten, ihn in den entlegensten Winkeln Europas aufzuspüren.
Was aber wurde nun tatsächlich aus den sagenhaften Reichtümern der Templer? Weder im Haupthaus in Paris noch in einer der anderen Komtureien wurden bei der Verhaftung der Templer am 13. September 1307 nennenswerte Geldbeträge gefunden. Ist es Jacques de Molay also etwa doch noch gelungen, das Gold vor seiner Verhaftung zu verstecken oder außer Landes zu schaffen?
Tatsache ist, dass es für den Verbleib des Templervermögens keinerlei Belege gibt. Ebenso wenig ist allerdings darüber bekannt,

wie groß das Vermögen des Ordens zu diesem Zeitpunkt überhaupt noch war. Die Kämpfe im Heiligen Land hatten schon zur Blütezeit der Kreuzfahrerstaaten Unsummen verschlungen, die jedoch durch die stetig fließenden Spendengelder aus dem Abendland wieder wettgemacht wurden. Doch die zahlreichen Niederlagen der letzten Jahrzehnte hatten ungeheure Kosten für Nachschub und Ausrüstung verursacht, ohne dabei zum Ziel zu führen, auch hatten die Templer ihre gesamten Besitzungen in Palästina verloren. Seit dem Bedeutungsverlust der Kreuzzugsidee hatten die Tempelritter zudem einen dauerhaften Imageverlust erlitten. Der Zulauf neuer Rekruten hatte damit ebenso abgenommen wie die Spendenbereitschaft der Bevölkerung. Verarmt waren die Templer deswegen aber noch lange nicht, denn ihre Besitzungen in Frankreich und im übrigen Europa waren ihnen auch zu diesem Zeitpunkt noch erhalten geblieben und stellten mit dem umfangreichen Grundbesitz ein erhebliches Vermögen dar. Allein in Frankreich waren es mehr als 1000 Komtureien. Ob sich eine Suche nach einem „verschwundenen Templerschatz“ tatsächlich lohnt, ist also mehr als fraglich.

Es existieren natürlich auch einige Theorien darüber, was 1307 aus dem Templerschatz geworden ist. Teilweise wird sogar davon ausgegangen, dass er bereits gefunden wurde. So erzählt der französische Autor Gérard de Sède (1921–2004) in seinem Buch *Die Templer sind unter uns,* der Schatz der Templer sei in der Nacht vor der großen Verhaftungswelle auf drei Wagen verladen und unter Leitung von Jacques de Molay aus dem Pariser Tempel Richtung Meer transportiert worden, wo er zu Schiff außer Landes gebracht werden sollte. Die Wagen hätten den Hafen jedoch niemals erreicht, vielmehr sei der Schatz noch innerhalb Frankreichs auf einer der zahlreichen Templerburgen versteckt. In diesem Zusammenhang sei auch die Erwähnung der „drei Wagen“ zu sehen, die ja eigentlich einen so großen Schatz gar nicht hätten fassen können. Vielmehr seien sie der verschlüsselte Hinweis auf den Ort, wo der Schatz verborgen liege: nämlich auf der nordfranzösischen Burg Gisors, die er auch die „Burg der drei Wagen“ nennt, da hier beinahe hundert Jahre lang seit ihrem Bau jeweils am 24. Dezember um Mitternacht der Große und der Kleine Wagen sowie der „Wagen der Meere“, das Schiff Argo, in Opposition standen. De Sède beruft sich bei seiner Geschichte auf Dokumente aus dem Geheimarchiv des Vatikans, deren Existenz der Vatikan jedoch bestreitet.

Ruine der Burg Gisors

Aber de Sède war keineswegs der Erste, der den Schatz der Templer auf Gisors vermutete. Tatsächlich ging bereits mehrere Jahrhunderte lang die Sage vom Schatz der Königin Blanka, der sich in einem geheimen Gang zwischen Gisors und der benachbarten Burg Neaufles befände und dessen Tor sich nur einmal im Jahr, zu Weihnachten, öffne. Und wirklich hatte hier einst eine Königin dieses Namens gelebt, Blanka von Navarra (um 1331–98), die sich nach dem Tod ihres Mannes, des französischen Königs Philipp VI. (1293–1350), also nicht allzu lange nach dem Ende der Tempelritter, hierher zurückgezogen hatte.
Nun lebte in dem Ort unterhalb der Burgruine von Gisors ein Mann, der sich von Jugend an brennend für die Geschichten über den verborgenen Schatz interessierte. 1929 ließ sich Roger Lhomoy als Gärtner und Schlosswart auf der Burg anstellen, und 1944 begann er mit heimlichen Grabungen. Zwei Jahre später stieß er dann, wie er auch dem Gemeindevorsteher von Gisors berichtete, in 16 Metern Tiefe auf eine romanische Kapelle. Sie bestand aus einem 30 Meter langen, 9 Meter Breiten und 4,5 Meter hohen Raum, in dem sich neben lebensgroßen Statuen von Christus und seinen Aposteln und 19 Steinsarkophagen auch 30 kostbar geschmückte Truhen befanden. Nach anfänglichem Zweifeln schickten die Gemeindeväter des Städtchens dann doch einen Polizeibeamten zu der angeblichen Fundstelle, doch der Stollen, den Lhomoy ausgehoben hatte, war inzwischen eingestürzt. Daraufhin ließ der Bürgermeister alle übrigen Gänge Lhomoys wegen Einsturzgefahr zuschütten und entließ ihn aus dem Dienst. 16 Jahre lang bemühte sich Lhomoy um eine offizielle Grabungsgenehmigung, die er mithilfe de Sèdes, bei dem er als Stallknecht arbeitete, endlich erhielt. Die Kapelle fand er tatsächlich wieder, doch sie war leer. „Ich werde nie vergessen, was ich in diesem Augenblick sah“, erzählte Lhomoy noch nach eineinhalb Jahrzehnten. Doch warum er damals nicht wenigstens einen Beweis für seine Geschichte vom Fundort mitgenommen hatte, dafür hatte er keine Erklärung.

Geschichten über den Verbleib des Templerschatzes ranken sich um beinahe alle ehemaligen Ordensburgen, vielfach wird sogar außerhalb Frankreichs nach dem Schatz gesucht.

Das Geheimwissen der Templer

Aber nicht nur der Besitz des Grals, der Bundeslade oder unvorstellbarer Schätze wird den Tempelrittern nachgesagt, sie sollen auch die Hüter eines jahrtausendealten Geheimwissens gewesen sein.

Benedikt von Nursia

Einer der Hauptvertreter dieser These ist der französische Autor Louis Charpentier, der in seinem Buch *Macht und Geheimnis der Templer* (1967) vermutet, dass ebendieses geheime Wissen der eigentliche Grund dafür gewesen sei, weshalb es zur Entstehung des Templerordens gekommen ist. So soll Benedikt von Nursia (ca. 480–547), der Gründer des Benediktinerordens, bereits im 6. Jahrhundert im Besitz geheimer Dokumente gewesen sein, „deren Weisheiten seit alters her nur Eingeweihten zugänglich waren". Der Plan des heiligen Benedikt, diese Weisheiten dem einfachen Volk zugänglich zu machen, sei jedoch von den herrschenden Schichten aufs Heftigste bekämpft worden. Deshalb habe er den Stand der Laienbrüder ins Leben gerufen, bei denen es sich zwar um Mönche handelte, die aber so weit in das weltliche Leben eingebunden waren, dass sie dieses uralte Wissen tatsächlich im Volk verbreiten konnten. Gleichzeitig aber standen sie unter dem Schutz ihres Ordens, der sie vor den Übergriffen von Adel und Klerus schützen konnte.

Eine steigende Zahl an Veröffentlichungen über den Templerorden spekuliert auch über die Gründe, weshalb über die ersten Jahre der Templer im Heiligen Land nichts bekannt ist, und vermutet sogar eine bewusste Geheimhaltung des Ordens. Vom Studium geheimer Schriftrollen ist hier die Rede, die 1128 zum intensiveren Studium nach Europa zu Bernhard von Clairvaux (um 1090–1153) gebracht wurden.

Der Grund, weshalb die Tempelritter in den ersten knapp zehn Jahren nach ihrem Zusammenschluss in Europa noch nicht bekannt waren, lag aber wohl kaum an einer beabsichtigten Geheimhaltung ihrer Existenz. Neuigkeiten verbreiteten sich damals über eine so große Distanz wie zwischen Palästina und Frankreich nur sehr langsam, zumal wenn sie von nicht allzu großer Bedeutung waren. Noch hatten die Templer im Heiligen Land keine Taten vollbracht, deren Kunde von Mund zu Mund hätte gehen können. Ebenso wenig war ihre spirituelle Basis, die Vereinigung von Rittertum und Mönchstum, bereits vollends herausgearbeitet oder gar von der Kirche anerkannt, sodass selbst unter den wenigen Mitgliedern Unsicherheit über ihren Status herrschte.

Manche Autoren, unter ihnen erneut Louis Charpentier, vertreten auch die These, dass die Templer bereits zwei Jahrhunderte vor Kolumbus Kenntnis von der Existenz Amerikas hatten, dort teilweise Kolonien gründeten und u. a. die Silberminen Süd- und Mittelamerikas ausbeuteten. Beweise für ihre Theorien gebe es deshalb nicht, weil die Verbindungen zur Neuen Welt so geheim gewesen seien, dass die Templer alle Spuren vernichtet hätten. Als Beleg für ihre Theorien wird meist die Tatsache genannt, dass Forscher wie Vasco da Gama (um 1469–1524) bei ihren Entdeckungsreisen unter dem Templerkreuz segelten, das der Christusorden als Nachfolger der Templer in Portugal als Symbol übernommen hatte.

Zu den gewagtesten Spekulationen über das Geheimwissen der Tempelritter gehört aber zweifellos das Geheimnis von Rennes-le-Château. Das Languedoc im Süden Frankreichs war eine Hochburg des Templerordens, die gesamte Bevölkerung unterstützte die Tempelritter bedingungslos, seitdem sie den wegen Ketzerei angeklagten Katharern während der Verfolgung durch Papst Innozenz III. zu Beginn des 13. Jahrhunderts Unterschlupf gewährt hatten. So hatten auch die Mitglieder des Templerordens, die auf dem Berg Bézu nahe Rennes-le-Château ihre Niederlassung hatten, 1307 den Häschern Philipps IV. (1268–1314) entkommen können.

Bérenger Saunière

Alle neueren Spekulationen über die Tempelritter begannen jedoch mit dem Dorfpfarrer von Rennes-le-Château, Bérenger Saunière (1852–1917), der 1896 plötzlich zu unerklärlichem Reichtum kam.

Der Turm der Magdalena bei Rennes-le-Château

Insgesamt 659.413 Franc, nach heutigem Wert etwa 3,5 Millionen Euro, soll er für die Renovierung der Kirche und den äußerst aufwendigen Ausbau seines Grundstückes sowie für seine Briefmarken- und Postkartensammlung ausgegeben haben. Das Geld erhielt er Gerüchten zufolge für Dokumente, die er bei den Renovierungsarbeiten gefunden hatte, bei denen er auch eine geheime Grabkammer entdeckt haben soll.

Das britisch-amerikanische Autorengespann Michael Baigent (*1948), Henry Lincoln (*1930) und Richard Leigh (1943–2007) ging deshalb in Rennes-le-Château auf Schatzsuche und geriet dabei laut eigener Aussage in ein Labyrinth von Geheimnissen, deren Enthüllung dazu führen könnte, dass die Geschichte des Abendlandes umgeschrieben werden müsse. Ihre Entdeckungen veröffentlichten sie 1982 in dem Buch *Der Heilige Gral und seine Erben*, das u. a. Dan Browns Roman *Sakrileg* als Vorlage diente.

Das Gerücht über einen verborgenen Schatz gab es hier bereits seit 1156, als Bertrand von Blanquefort, der aus dieser Gegend gebürtige damalige Großmeister der Templer, in den alten römischen Goldminen Grabungen durchführen ließ. Was er mit diesen Grabungen bezweckte, war schon damals unklar. Doch da die Mine bereits ausgebeutet war, liegt die Vermutung nahe, dass hier irgendetwas versteckt werden sollte. Während frühere Schatzsucher nun auf ein Versteck von Gold und Edelsteinen spekulierten, kamen Baigent, Lincoln und Leigh zu einer ganz anderen Ansicht. Sie sahen es als sicher an, dass es sich bei dem verborgenen Schatz um Dokumente handelte, die einst im Besitz der Katharer gewesen waren und von ihnen an die Templer weitergegeben wurden. Die Katharer aber glaubten nicht an den Kreuzestod Christi, und die geheimen Dokumente waren ihrer Meinung nach die Beweise dafür, dass Jesus nicht gekreuzigt worden war, sondern mit Maria Magdalena und ihrem gemeinsamen Sohn noch mindestens bis zum Jahr 45 gelebt hat. Um diese hochbrisanten Dokumente nicht an die Öffentlichkeit gelangen zu lassen, sei der Vatikan dann auch bereit gewesen, Bérenger Saunière, der die „Wahrheit" entdeckt hatte, für sein Schweigen fürstlich zu entlohnen.

Das Grab Bérenger Saunières

Setzt man den Wahrheitsgehalt dieser Thesen voraus, so erscheint das Bespucken des Kreuzes, das den Templern vorgeworfen wurde, in ganz neuem Licht. Doch die Thesen von Baigent, Lincoln und Leigh werden von seriösen Geschichtswissenschaftlern allgemein abgelehnt. Auch ist es äußerst fraglich, ob die Tempelritter noch bereit gewesen wären, ihr Leben für einen Glauben aufs Spiel zu setzen, dessen Grundlagen sie plötzlich als Lügen erkennen mussten.

Die Templer in Literatur und Film

Auch in die Literatur haben die Tempelritter Einzug gehalten. Eines der bekanntesten Bücher, in denen sie eine Hauptrolle spielen, ist zweifellos Sir Walter Scotts (1771–1832) *Ivanhoe* aus dem Jahr 1820. Der normannische Tempelritter Brian de Bois-Guilbert wurde wenig später sogar zum Protagonisten zweier Opern: 1829 in Heinrich Marschners (1795–1861) *Der Templer und die Jüdin* und 1840 in Otto Nicolais (1810–49) *Il templario*. Die Verfilmung von 1952 mit Robert Taylor, Elizabeth Taylor und George Sanders gehört bis heute zu den populärsten Filmen über die Ritterzeit.

Doch die meisten literarischen Werke, die sich mit den Tempelrittern befassen, stammen aus den vergangenen Jahren. Im Mittelpunkt stehen hier meist, wie auch bei vielen pseudowissenschaftlichen Werken, die verschiedensten Spekulationen und Verschwörungstheorien. Mit Ausnahme von Umberto Ecos Roman (*1932) *Das Foucaultsche Pendel* (1988) stehen hier meist Spannung und Action, weniger aber der literarische Anspruch im Vordergrund. Die bekanntesten von ihnen sind Ernst Wilhelm Heines *Das Halsband der Taube* (2005), Raymond Khourys *Scriptum* (2005), Marco Buticchis *Die dritte Prophezeiung* (2008), *Das Blut der Templer* von Wolfgang Hohlbein (2005) und natürlich *Sakrileg* von Dan Brown (2005).

Auch als Vorlage für Drehbücher sind die geheimnisumwitterten Tempelritter seit einigen Jahren äußerst beliebt, wobei die Suche nach ihren verlorenen Schätzen ebenso thematisiert wird wie die Erforschung ihrer dunklen Geheimnisse: *Das Vermächtnis der Tempelritter* (USA, 2004), *Das Blut der Templer* (Deutschland, 2004), *The Da Vinci Code – Sakrileg* (USA, 2006). Zur Zeit der Tempelritter selbst spielt hingegen *Königreich der Himmel* (USA, 2005).

Im Bereich der Kinder- und Jugendliteratur und -filme sind die Tempelritter in den letzten Jahren ebenfalls zum Thema geworden (Autorenteam Enid Blyton, *Fünf Freunde und die Schrift der Tempelritter*, 2002; Gunter Arentzen, *Das Schwert der Tempelritter* und *Der Götze von Akkon* aus der Serie *Die Schatzjägerin*, 2006; *Der verlorene Schatz der Tempelritter*, Dänemark, 2007).

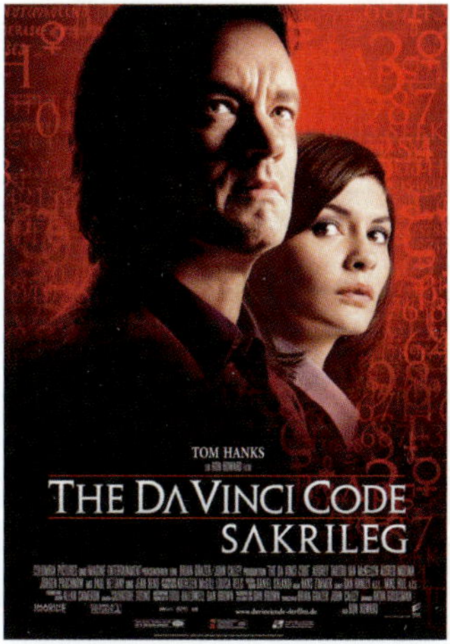

Filmplakat zu The Da Vinci Code – Sakrileg

Selbst die Welt der Computerspiele haben die Tempelritter erobert. Dabei existieren nicht nur die verschiedensten Versionen des Kreuzzugthemas, bei denen die Templer zwar vorkommen, sich aber in ihrer Charakteristik nicht von den übrigen Figuren des Spiels unterscheiden, sondern auch Spiele wie beispielsweise *Baphomets Fluch*, dessen erster Teil den Untertitel *Der Schatten der Templer* trägt, oder *Assassin's Creed*, das zur Zeit des dritten Kreuzzugs spielt und zu dessen Hauptpersonen historische Tempelritter gehören.

Die Erben der Templer

Als der Orden der Templer von Papst Clemens V. 1312 offiziell aufgelöst wurde, bedeutete dies noch nicht für all seine Mitglieder das Ende. Nicht alle Tempelritter waren 1307 und in den darauffolgenden Jahren verhaftet worden, außerdem wurden viele der „geständigen" Brüder begnadigt und zur Buße ins Kloster geschickt.

Die Zeit nach 1314

Die Reaktion der europäischen Könige auf den Befehl Papst Clemens V., alle Templer in ganz Europa zu verhaften, fiel sehr unterschiedlich aus.
Auf der Iberischen Halbinsel, wo die Reconquista noch immer nicht beendet war und der Kampf gegen die Mauren unvermindert weiterging, besaßen die Templer zahlreiche Burgen und bedeuteten eine wertvolle Unterstützung für die Heere der Könige von Kastilien, Aragon und Portugal. Die Könige waren von der Unschuld der Tempelritter überzeugt, zumal Jakob II. von Aragon (1267–1327) über die Herkunft des Hauptbelastungszeugen, Esquieu de Floyran, Bescheid wusste. Entsprechend gering war ihre Begeisterung darüber, ihre Verbündeten nun plötzlich verhaften zu müssen. So war der Papst gezwungen, eine weitere Bulle an sie zu senden, nach deren Erhalt sie sich nun doch genötigt sahen, die ersten Verhaftungen vorzunehmen.

Jakob II. von Aragon

Die Nachfolge des Templerordens trat hier der Christusorden an, der am 14. März 1319 von Papst Johannes XXII. (um 1245–1334) in der Bulle *Ad ea ex quibus cultus* die Approbation erhielt und dem daraufhin alle Güter der Tempelritter auf der Iberischen Halbinsel überschrieben wurden. Auf ihn geht der Ordo Supremus Militaris Templi Hierosolymitani, der Christliche Ritterorden vom Tempel in Jerusalem zurück, der auch heute noch offiziell die Ideale der Templer vertritt und seinen Hauptsitz in Jerusalem hat.

Auch der englische König Eduard II. (1284–1327) zeigte nur wenig Interesse an einem konzentrierten Vorgehen gegen die Templer in seinem Land. Zwar instruierte er am 20. Dezember 1307 seine Polizei dahin gehend, drei Wochen später eine Razzia auf den Besitzungen des Ordens durchzuführen, doch er hatte keinerlei Ambitionen, die Aktion ähnlich erfolgreich zu gestalten, wie es die erste Verhaftungswelle in Frankreich gewesen war. Die Nachricht von den bevorstehenden Verhaftungen verbreitete sich schnell, und die Tempelritter erhielten die Möglichkeit zur Flucht. Ähnlich war die Lage in Irland. Dennoch kam es zu insgesamt 135 Verhaftungen auf den Britischen Inseln. Bei der Frage, was mit dem Besitz der Templer geschehen sollte, war Eduard weniger zimperlich, er kassierte sämtliche Güter kurzerhand ein.

Der Herzog von Lothringen war den Templern ebenfalls freundlich gesinnt. Alle angeklagten Ritter wurden freigesprochen und passten sich danach in Kleidung und Verhalten ihrer Umgebung an. Auch im übrigen Heiligen Römischen Reich schlossen sie sich den Johannitern und dem Deutschen Orden an.

Freimaurer und Rosenkreuzer

Schon in den vergangenen Jahrhunderten gab es etliche Vereinigungen, die ihre Ursprünge auf den Templerorden zurückführten oder von Außenstehenden mit ihnen in Zusammenhang gebracht wurden. Zu den bekanntesten gehören die Freimaurer und die Rosenkreuzer, die auch heute noch aktiv sind. Beide Gemeinschaften wurden als Geheimbünde gegründet.

Die Anfänge der Freimaurer liegen in der Zeit der Aufklärung im 18. Jahrhundert, ihre Gründungsumstände sind jedoch von Legenden umwoben. Die meisten Freimaurer leiten ihre Entstehung von den mittelalterlichen Bauhütten ab, doch es gibt immer wieder Stimmen, die sie auch mit den Tempelrittern in Verbindung bringen. So tragen die Mitglieder der Hochgradlogen, einer konservativen Minderheit der Freimaurer, bei der Ausübung ihrer Rituale stets den weißen Mantel mit dem roten Kreuz. Die Symbole der

Freimaurer sind die Bibel, das Winkelmaß und der Zirkel; ihr Ziel war stets der Bau einer besseren Welt, der durch Vernunft, Menschlichkeit und Weltoffenheit erreicht werden soll. Der preußische König Friedrich II. (1712–86) gehörte den Freimaurern ebenso an wie Kaiser Wilhelm II. (1859–1941), Johann Wolfgang von Goethe (1749–1832) und George Washington (1732–99).

Goethe ist nur eines der zahlreichen prominenten Mitglieder der Freimaurer

Die Rosenkreuzer entstanden bereits gut 100 Jahre früher im Zuge der Kritik an Luthers Reformationsbewegung. Die Bruderschaft geht der Legende nach auf den Frater C. R. bzw. auf Christian Rosencreutz zurück, der 1378–1484 gelebt und eine geheime Bruderschaft gegründet haben soll, die sich nach seinem Tode wieder auflöste. Sie gründet ihre Lehren auf drei gesellschaftskritische und reformatorische Manifeste, die *Fama Fraternitatis* von 1614, die *Confessio Fraternitatis* von 1615 und die *Chymische Hochzeit* von 1616, als deren Autor der deutsche Theologe und Sozialreformator Johann Valentin Andreae (1586–1654) angesehen wird.

Durch ihre Organisationsform als geheimbündlerische Bruderschaft konnte es nicht ausbleiben, dass auch die Rosenkreuzer mit dem Templerorden in Verbindung gebracht wurden.

Templerorden im 21. Jahrhundert

Gérard de Sèdes Buch von 1962 sagt es deutlich: *Die Templer sind unter uns.* In der Tat beriefen oder berufen sich viele Gruppierungen auch heute noch auf den Templerorden. Doch viele von ihnen, wie der 1907 gegründete Neutemplerorden (Ordo Novi Templi) des Wiener Antisemiten Jörg Lanz von Liebenfels (1874–1954), der einige Jahre sogar dem Zisterzienserorden angehörte und als Vordenker der nationalsozialistischen Rassentheorien gilt, sind denkbar weit von den Idealen der historischen Templer entfernt.

Eine Renaissance erlebten die Tempelritter Anfang des 19. Jahrhunderts, als Napoleon 1805 nach Überprüfung der Prozessunterlagen den Orden rehabilitieren ließ, woraufhin es seit 1808 zu diversen Neugründungen kam. Etli-

che von ihnen führen ihre Ursprünge sogar direkt auf die historischen Tempelritter zurück, doch die Quellenlage hierfür ist äußerst dürftig.
Ihre Hauptaufgabe sehen die heutigen großen Ritterorden vor allem auf karitativem und humanitärem Gebiet, teilweise auch in der Unterstützung der Christen in Israel, was auch für die größeren seriösen Templervereinigungen gilt. Der einzige vom Papst legitimierte Templerorden der heutigen Zeit ist der 1979 von dem toskanischen Grafen Marcello Alberto Cristofani della Magione gegründete Ordo Militiae Templi, der u. a. auch Niederlassungen in Deutschland, Österreich, der Schweiz, in den USA, Brasilien und Australien unterhält. Magione ist bis heute Großmeister des Ordens. Andere Templervereinigungen sind entweder als gemeinnützig oder sogar wie der ökumenische internationale Ordo Supremus Militaris Templi Hierosolymitani (OSMTH), eine portugiesische Neugründung aus dem 19. Jahrhundert mit Großmeister in den USA, von der UNO als nichtstaatliche Hilfsorganisation (NGO) anerkannt.

Castello della Magione bei Siena ist das Hauptquartier der heutigen Militia Templi

In Deutschland gibt es heute etwa ein Dutzend Ritterorden, darunter auch fünf, die sich auf die Templer beziehen. Ihnen gemeinsam ist noch immer der Leitsatz der Templer: „Nicht uns Herr, nicht uns, sondern deinem Namen gib Ehre." Ihre Mitgliederzahlen sind allerdings gegenüber historischen Zeiten oder auch im Vergleich mit den Johannitern oder Maltesern äußerst gering.
Zu den deutschen Templerorden gehören der Ordo Militiae Crucis Templi (OMCT), ein ökumenischer Laienorden mit etwa 130 nur männlichen Mitgliedern, und der Historische Ritterorden der Tempelherren von Jerusalem als Niederlassung des OSMTH mit Großpriorat in Merzig. Als Einziger der fünf deutschen Templerorden scheint der Münchner Archiconvent der Templer ein Ordensleben im eigentlichen Sinn zu haben, das jedoch in größter Abgeschiedenheit stattfindet und in der Öffentlichkeit höchstens durch Armenspeisungen auf sich aufmerksam macht. Als ökumenische

Prozession zeitgenössischer Tempelritter

„Dachorganisation europäischer ökumenischer Templerpriorate" wurde 1997 der Deutsche Tempelherrenorden (OMCT) ins Leben gerufen.

Manch andere Vereinigungen schmücken sich ebenfalls mit dem großen Namen des Ordens der Tempelritter, ohne jedoch seinen Idealen nachzueifern. Bei ihnen ist es oft mehr die Lust an der Verkleidung und am Spiel, die sie bei ihren „Ordenstreffen" motiviert. Aber auch das Interesse an Esoterik, an Logen und Geheimbünden hat so manchen „Ordensgründer" bewogen, sich gerade die Templer als Namenspatron zu erwählen.

Ihre ursprüngliche Aufgabe, den Schutz der Kreuzfahrer im Heiligen Land, hatten die Templer bis zum Ende der Kreuzzüge erfüllt. Geschichtlich betrachtet sind die Tempelritter nur eine Episode ohne große Auswirkungen. Dennoch werden gerade sie im Bewusstsein der Menschen mehr als alle anderen Ritterorden als Vertreter des Kreuzzugsgedankens für immer weiterleben. Die Extreme während der kurzen Zeit ihres Bestehens, ihr Ruhm, ihre Macht und ihr Reichtum ebenso wie ihr tiefer Fall werden auch weiterhin Nährboden für Legenden und Erzählungen bieten, dafür sind die Spekulationen über geheimes Wissen und verlorene Schätze überhaupt nicht notwendig. Die Jahre ihres allmählichen Niedergangs, ihrer Mittelmäßigkeit oder ihrer Selbstzweifel werden demgegenüber stets im Hintergrund bleiben. Die Tempelritter selbst mögen gescheitert sein, doch ihre Ideale, die Vereinigung von Glaubenstreue und Ritterlichkeit und insbesondere der Solidaritätsgedanke, sind gerade in der heutigen Zeit wieder besonders aktuell und wichtig.

Register